設計者のための

建築コスト
プランニング術

Cost Planning Techniques of Buildings:
A Guide for Architectural Designers

北野正美 著

日本建築協会 企画

学芸出版社

はじめに

　建築工事は人生によく似て、繰り返し繰り返しさまざまな問題や困難な状況に直面します。それを乗り越えながら完成に向け前に進んでいく状況は、まさに人生そのものと言えるのではないでしょうか。

　プロジェクトが進んでいくにつれ、安心していると、順調に見えた流れが時として乱れ、止まり、あるいは逆流したりするものです。

　その原因の中に、コストに絡んだ問題が数多くあることに皆さんはお気づきでしょうか？

　プロジェクトがスタートして、さあ工事費は…？と見直してみて驚くようなことに何度も遭遇します。安いと思って仕様書に指示した製品が非常に高いものであったり、納まりを考えずに指定した製品が納まらず無駄になったり、製品や工法の決定・承認が遅れたために値上げの波に呑まれてしまったり、思いもよらない追加工事やさまざまな問題が発生するものですが、建物完成に向け問題解決を行っていかなければなりません。

　新入社員や若年社員の方にとって、テキパキと業務をこなしている人を見ると、何らかの「魔法」や何らかの「術」を使っているような錯覚を受けるかも知れません。

　ここに「コストプランニング術」と掲げていますが、実際の業務遂行・問題解決においては魔法でも術でもなく、豊富な経験に基づく知識によるものが大なのです。

　設計者は施主の代弁者・代行者として、施主の思いを汲み取って、建物を完成に導くという役割があります。

　ここにある成功例・失敗例を参考にして自分なりのコストプランニング術を身に着けていただければ幸いです。

　設計者はオーケストラに例えるなら「指揮者」です。タクトをふって、素晴らしい曲の演奏で、日頃の思いを伝えましょう。

目　次

第Ⅰ部　施主の信頼を獲得する！ コスト管理の基本 — 13

Prologue

● 建築コストをめぐるよくあるトラブル

① なぜこんなことになるんだ？

　ある会社で社宅の計画が持ち上がり、「予算を把握したい」との依頼が設計者にあったので、施主の関連企業の工務店に依頼して、概算見積を行い施主に提出しました。

　その後、何度も打合せが行われ、かなりの月日が過ぎた頃に、案件の開始に GO がかかりプロジェクトが進み始めました。

　施工は前述の工務店に決まっていましたので、実施図面が完成した時点で、さっそく工務店に依頼して精算見積を行い、工事費をまとめ上げました。見積書の提出を行うべく、内容説明を兼ねて得意先に出向きましたが、その時に見積書の総額を見ただけで、非常に驚き落胆され、「なぜこんなことになるんだ？」と言われました。

　実は精算見積額が概算見積額の約 1.5 倍にもなっていたのです。なぜこんなことになったのでしょうか？

　案件の計画が持ち上がった時には、このプロジェクトを実施することがすでに決まっていて、概算見積金額を基にプロジェクトの予算取りをされ、融資の手続きをされていたそうですが、その後何度も開催した打合せ時にアレコレと要望が出され、建物の面積や仕上げ仕様が大きく変更していたのです。それを図面に反映したものが「実施図面」になったのです。

　ここで問題があるのは、その要望の一つ一つに対して、タイムリーに見積りを行い、コストや工程がどのようになるのかを施主に説明できていなかったことです。当初の打合せ時は予算取りの段階ですから、方向転換はいくらでもできたはずなのです。

　建物の面積増や仕上げ仕様のアップをいくら説明しても、「我々は建築の素人だから…」とわかってもらえず、大幅なコストダウンと仕様変更が入ったところで落ち着きました。

② こんなはずではなかった

　ある精密機械工場のプロジェクトの工事が進んでいましたが、施工者は日常的に係員の人手不足に悩まされていました。

　精密機械工場ですから、製造ラインが打合せの都度変更になり、工事の内容も揺れ動き、変更の連続でしたが、設計者としても人手不足の状況を鑑み工事を進める方を優先せざるを得ませんでした。

　「追加変更」については、区切りのついた段階でまとめれば何とかなるだろうと判断し、まとめ作業を重要視していませんでした。

　工事は順調に進み、やがて竣工の日を迎え、工事自体は無事完成しました。それから変更工事のまとめ作業に取りかかったのですが、まとめが進むにつれ、改めてその額の大きさに皆が愕然としたのです。

　そして「追加変更見積」が提出されましたが、工事が終わってからの追加見積ですから、施主は額の大きさに驚くばかり。設計者（監理者）としても時期を逸した大きな額の追加見積りを容認したことを批判されてしまいました。

　やはり「今頃になって！」ということなのでしょう。

　当然通るはずもなく、全額の交渉はあえなく却下され、部分的な追加金額のみが認められただけでした。

　全体の追加変更をタイムリーにまとめるのは無理でも、日常的に発生する変更工事の一つ一つを部分的にでもまとめておけば、また施工者に対してその指示ができていれば、定期的に行われていた定例打合せ等の場で話題に上げておけば何とかなったはずなのに、すべてが「後の祭り」になってしまいました。

● 信頼を得る設計はコストから

　信頼とよく似た表現の言葉に「信用」があります。「信用」が今までの過去の実績等に対して評価を行うものに対して、「信頼」は信用をベースとして、「今後この人に任せてみよう」というように将来の行動に対して期待するものなのです。「この人なら何とかしてくれる」と思ってもらえるようにしたいものです。

　施主の予算を聞いていながら、いざスタートしてみるとアレが増えるコレも増える…では、施主の「信頼」を獲得するには程遠いことになります。また、無事に「信頼」を得たとしても、一つのミスや行動・発言で簡単に崩壊してしまいます。今度その「信頼」を取り戻すには想像以上の時間がかかり、大変な努力が必要となります。

　できないことは約束しないことが重要で、できない理由をキチンと説明し納得してもらいましょう。しかし、いったん約束したら必ず実行しなければなりません。それが「信頼」だと思います。

　施主側のたとえ小さな要望であっても、全力で対応する姿が好まれるでしょう。

　予算のないプロジェクトは往々にして、安価な仕様になってしまいがちですが、それは仕方がないことです。しかし、そのような場合であっても、その中に何かキラリと光るようなものが折り込めたとしたら、施主の「信頼」度急上昇 ↗ 間違いなしです。

　一例ですが、私が工場の案件で VE ※ を行う際に今までやってきた工夫は、VE で他を減額した金額を少し使って、玄関の仕様を少しアップする「逆 VE」です。 すごく喜ばれ、即採用となりました。 いわゆる、「見せ場作り」です。

※　VE：バリューエンジニアリングのことで、より少ないコストである物の機能やサービスを達成するための手法。機能を変えずにコストダウンを図るための変更。

第 **I** 部

施主の信頼を獲得する！

コスト管理の基本

1^章　建築コストとは

① コストとプライス

　通常、コストは「費用」という言葉でひとくくりにされ、プライスは「物価・相場」という表現でまとめられてしまいますが、ここでいうところのコストとは工事を施工するための「原価」であり、プライスとは施工者がその案件を受注するための「営業戦略的価格」ということになります。

　コストは常に不変のものであり、またそうあらねばなりません。仕様や数量が変わらない限り変動はありません。

　それに対してプライスは、その時々の世相や背景を反映し、常に変動しうるものです。どうしても受注したい時のプライスは大幅に下がる場合があります。

　しかし、いったん受注者が決まり契約が交わされた時には、その案件に

図1　コストとプライス
見積りを行う時には、プライスではなく、コストによる価格設定を用いましょう。

ついてプライス＝コストとなるのです（図1）。

　その時のプライスを他の案件に当てはめようとすると、誤差が生じ大きなリスクを伴いかねません。不変であるコストを用いるべきです。コストマネジメントにおいては、このことを充分理解してことに当たるべきです。

　プライス＝コストとなる限界点を見極めることこそ、コストマネジメントの基本と言えるでしょう。

②「見積り」って何？

　「見積り」って何だろう？
　どんなことをするんだろう？

　見積りの解説書通りに、また先輩から教えられた通りに、あるいは社内の手引書通りに、普段から疑問を持たず何気なく行っている見積り作業。ここでいったん振り返ってみて、「見積り」ということを見つめ直してみてはいかがでしょうか。

　「見積り」とは読んで字のごとく、図面や現地をよく「見」て金額を「積」みあげることですが、その呼称として「見積」「見積り」「見積もり」等、さまざまな表記がされます。

　辞書などによりますと、語源から考えて「見つもる、見つもり」であり「見積もり」が正しく思えますが、「見積」「見積り」「見積もり」いずれも正しいそうです。

　公文書などでは「見積り」が多く使われ、「見積書や見積金額」といった固有名詞で使われる時は、送りがなはつけません。

　ここでは「見積り」の表現を使うこととし、建築工事の見積りについて考えてみたいと思います。

　建築工事にはさまざまな形態がありますが、その一つ一つについて見積業務が行われ、契約 → 施工という流れで進んでいきます。

図2　概算見積のバランス（出典：(一社) 日本建設業連合会 関西委員会『H28 建築屋さんのための概算見積手法の解説』p.4 より）
見積り時はバランスのとれた関係づくりが大切です。

　建物を建てるうえで、発注者（設計者）予算・設計スペック（与条件等も含む）・施工会社の建設コストのバランスは非常に重要です（図2）。

　この三つが大きく乖離すると事業が成り立たない可能性があり、このため見積りを「粗」から「密」にして、事業構想から実施設計（契約・工事着手）までの各段階に応じた見積手法を用いて、コスト算出を行うことが重要です。

　その形態は大きく分けて、①既存建物の解体工事、②既存建物の改修工事、③増築工事、④新築工事となります。

　とくに①と②については既存建物の図面がない場合が多く、現地の調査測定を行い、その資料に基づいて見積作業を行うことになります。

（1）見積業務の概念

「見積り」とは？

- 見積作業は、設計図書にのっとり行うもので、基本的には設計図書＝顧客要求事項と考え、設計図書にできるだけ忠実に行います。

- 積算作業によって仕様を読み取り、数量を算出し、見積作業によって時価を確定し、工事費総額を算出することであり、これを総称して「見積り」といいます。

- 作業の違いにより「積算」と「見積り」に大別され、作業環境の違いや精度の違いにより「概算見積」と「精算見積」に大別されます。

● 建物のコスト算出を必要とする段階は、事業構想段階から実施設計段階（契約・工事着手）まで多岐に及びます。その各段階でコストの算出手法が変わってきます。

（2）概算見積

　まだ建物の概要が固まっていない段階で、「ザックリと総額が知りたい」という要望に基づいて作成するのが概算見積です。したがって、パースはあるが図面が間に合っていないとか、平面・立面・断面図程度しかない時点での見積りとなります。

　概算見積といえども、概略仕様が固まりつつある時期の概算見積は「できるだけ詳しいものがほしい」と要望される場合が多くなります。

　概算見積には内容・精度の違いによって、「超概算見積」と「概算見積」「精概算見積」の三つの手法があります（図3）。

　概算見積は設計図書が整っていないなかでの見積りとなりますので、非常に難しく、豊富な経験が必要です。工事の施工経験や、過去の案件の分

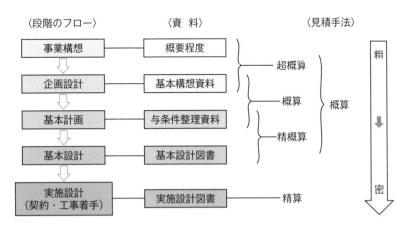

図3　概算見積りのフロー（出典：（一社）日本建設業連合会 関西委員会『H28 建築屋さんのための概算見積手法の解説』p.4より）
見積りの手法は「粗」から、詳しくなるにつれ「密」へ。

析能力、現地調査での情報収集能力、想像力が結集されてできあがるものであろうと思います（表1）。

① 超概算見積

「超概算見積」は、事業構想から企画設計段階で、概要程度から基本構想資料（平面図程度）しかなく、初期段階の事業予算検討としてコストを算出する場合に行う概算見積になります。

いわゆる「坪当たりいくら？」です。建物総床面積に坪当たりまたはm^{2}当たりの単価（時価）を乗じて総工事費を算出する方式であって、建物の用途・構造・仕上げの程度等を考慮して、過去の見積り案件の比較表から類推する方式です。

この場合は、口頭もしくはメモ程度で提出されます。内訳明細書は出ません。

② 概算見積

「概算見積」は基本計画段階で、与条件整理資料（概要、仕様、平面図・立面図・断面図等）がある段階で可能な見積り手法です。

短時間概算のことで、部屋の種類ごとまたは部位ごとの面積（数量）を積算し、各部屋ごとまたは部位ごとの複合単価を使用し、継続性のない案件に限ります（変更やVEには対応できません）。

③ 精概算見積

「精概算見積」は、基本計画段階で基本設計図書（実施図レベルまではいかなくとも、ある程度まで設計図書ができつつある段階）の資料が揃っている場合に用いる見積り手法です。

仕上げ仕様が決まっている部位では設計図書にのっとり、仕上げ仕様が確定していない部位では仕上げ仕様を想定し、概略数量を積算し、可能なかぎり明細化し、時価を算入して総工事費を算出する方式です。

部分的には想定の仕様で、数量が概略数量であるために、この場合も内訳明細書は出ません。提出時に、想定した仕様を附記として提示される場合が多いです。

表1　概算レベルマトリックス

概算レベル	超概算	概算	精概算	精算
発注者要求レベル	事業予算検討	事業予算検討 施工会社選定	施工会社選定 事業予算確定	施工会社選定 契約明細作成
設計段階	事業構想・企画設計	基本計画	基本設計	実施設計
成果物レベル	坪単価または総金額	大項目または中項目	明細（部分的に一式表示）	明細
必要情報	（一般情報） • 施工場所 • 建物用途 • 施工期間 • 工事範囲 • 敷地面積 • 各種面積（建築・延床・施工） • 階数	（一般情報） • 施工場所 • 建物用途 • 施工期間 • 工事範囲 • 敷地面積 • 各種面積（建築・延床・施工） • 階数	（一般情報） • 施工場所 • 建物用途 • 工事工程表 • 工事範囲 • 敷地面積 • 各種面積（建築・延床・施工） • 階数 • 特記仕様書	（一般情報） • すべての資料あり
	（構造関連） • ボーリング図または近傍データ • 構造形式	（構造関連） • ボーリング図または近傍データ • 地業関連資料 • 構造歩掛	（構造関連） • ボーリング図 • 地業関連資料 • 構造歩掛または部材断面 • 雑部材詳細	（構造関連） • すべての資料あり
	（意匠関連） • 配置図 • 平面図 • 主要グレード	（意匠関連） • 配置図 • 平面図 • 立面図 • 断面図 • 主要仕上表 • 壁種別図 • 建具図 • 外構計画	（意匠関連） • 配置図 • 平面図 • 立面図 • 断面図 • 材料表 • 仕上表 • 壁種別図 • 建具図 • 外構計画 • 雑詳細図	（意匠関連） • すべての資料あり
	（設備関連） • 設備概要書	（設備関連） • 設備概要書 • 主要設備の容量・規格・形式	（設備関連） • 設備概要書 • 主要設備の容量・規格・形式 • 系統図 • 機器表	（設備関連） • すべての資料あり
見積期間	1～2週間程度	3～4週間程度	4～6週間程度	4～6週間程度
積算業務レベル	過去の類似案件からの類推	精算とは異なる見積り手法としての数量積算可能	概ね精算程度の数量積算可能	数量積算可能
競争対応	×	△	○	◎
明細提示	×	△	○	◎
ＶＥ対応	×	△	○	◎
変更対応	×	△	○	◎

（出典：（一社）日本建設業連合会 関西委員会『H28建築屋さんのための概算見積手法の解説』p.6より）

　概算見積には「誤差」が付きものです。図面精度や見積り手法にもよりますが、5 〜 15％ぐらいは誤差が発生する可能性があります。

　「概算だから」と安易な気持ちで容認していると、後になって問題が発生する可能性があります。

　施主側の思いは「概算見積」ではなく、「第1回の見積り」なのです。提出時によく説明することが大切です。

　また、設計図書の進捗に伴って、概算見積の頻度と精度を上げることも重要です。

　概算見積を提出した後、実施設計図の完成まで待っていたら、大きなコスト差を招くことになり、施主側の予算イメージを壊すことにもなります。

　継続性のある案件の概算見積は、精概算見積を指示しておいた方が、変更対応がやりやすいといえます。

④ 電気設備工事の概算見積

　電気設備工事の概算見積は、設備概要書をもとに、過去の類似案件（精算見積）を参考にして、中項目ごとに積み上げる手法が一般的です（表2、3）。

イ：類似物件を探す

　建物用途、建物規模、設備方式が類似の精算見積り物件を探します。

　物価の変動により、単価が現状に合わない場合は補正します。

ロ：該当設備を把握する

　建物規模や建築基準法、消防法を考慮し、必要な設備を把握します。

　受電方式、特殊設備の有無を確認します。

ハ：中項目ごとに概算金額を算出する

- 対象面積当たりの単価を引用します。

　（類似物件の金額 / 類似物件の対象面積）× 概算物件の対象面積

　電灯コンセント、照明、自火報等、該当エリアにまんべんなく設置されるもの。

- 原単位当たりの単価引用

　（類似物件の金額 / 類似物件の原単位）× 概算物件の原単位

表2　電気設備＝概算の考え方1

中項目	工事概要	金額算出方法		コメント	必要な資料
引込設備	引込方式： 地中・架空 引込距離：m	数量積上げ m当たり単価 スライド	@/ m	数量積上げ　要 引込ルートを想定してm数積上 注） 引込系統数、H,H, の個数は随時考慮 開閉器が自立型の場合は、金額上昇 また、容量による引込ケーブルサイズの 考慮も必要	付近見取図 全体配置図 引込み可能な道路と新 設建屋間の距離の関係
受変電設備	受変電方式： トランス種別： 油入・モールド・乾式 トランス容量： 　単相、三相	容量積上げ kVA当り単価 スライド	VA/m² @/kVA	容量的な積上げが望ましい 電気容量は建物面積当たりに比例するが 消防設備・特殊設備の有無の把握が必要 注） 角トランス台数、Q,B, 面積を考慮 コンデンサの個数、高圧分岐、非常用を 考慮して盤面数を増やす kVA のみで考慮した場合、病院等の専 用バンクがある物件で足りなくなる 重量運搬費・申請費等を追加 消防認定・耐塩塗装等の仕様の場合はそ れぞれ2割ほどアップ	建築設備図全般 衛生空調設備の考え方 建物規模による消防 設備の有無 特殊設備の有無 空調方式（EHP また は GHP）
発電機設備	発電機別： ディーゼル・ガスタービン 発電機容量： kVA	原単位当たり 単価スライド メーカー見積 徴収もしくは 類似物件より	@/kVA VA/m²	必要負荷より容量を想定 非常電源が必要な設備により容量が決ま るため、坪単価引用は難しい 注） 容量・騒音値により原単位が大きく違う 　75db47kVA 単価：極めて高い 　105db350kVA での kVA 単価：安い 　105db350kVA での kVA 単価：安い 同スペックの材料を探すか、メーカー見 積り徴収 別置きタンク等がある場合は油送管のm 数を考慮してメーカー見積り 上記に重量運搬費をプラス	防災設備の考え方 非常電源の考え方 発注者・設計事務所の 方針が影響するので、 容量を指定させるのが 無難
幹線設備	仕様： 負荷容量：	kVA 当り単価 スライド	@/kVA VA/m²	類似物件で kVA 当りの金額引用 注） ケーブルサイズ想定による積上げが望ま しい 特に幹線・ラックの系統数を考慮	1 フロア複数テナント の場合、縦系統等が通 常より増える
照明器具	主器具・照度：	対象面積当た り 単価引用	@/m²	時間があれば照度計算して積上げること が望ましい 大部屋・基準階で台数を想定 器具を決定して当りをつける 器具のグレードに注意（調光・センサー 等） LED 等の特殊照明はその都度計上	特殊照明の有無
	外灯の場合 ポール灯　：基 庭園灯　：台	積上げ	@/ 台 @/ m	配置図により必要台数想定 埋設配管配線を積み上げる	配置図

（出典：（一社）日本建設業連合会 関西委員会『H22 建築屋さんのための設備積算入門』p.40 より）

表3　電気設備＝概算の考え方2

中項目	工事概要	金額算出方法		コメント	必要な資料
電灯コンセント設備	仕様： 負荷容量：	対象面積当たり単価引用	@/m²	類似物件の面積当たり単価引用 建物グレードによって金額考慮	
中央監視盤		原単位当たり単価引用	点/m² @/点	面積当たりの点数引用 中央監視システムによって点当たりの単価を想定	集中検針・防犯等の考え方
電話・情報設備	電話機器： 本工事・別途 配線： 本工事・別途 受口個所数：	積上げ	@/個	各要素ごとに数量積上げ要 引込距離×原単位 MDF・端子盤面数想定 弱電用ケーブルラックのm数考慮 用途によって中身が違うのでm²当たりは難しい 事務所限定でもOAフロアは端子盤止めになるので、目安の坪単価はない	
テレビ共聴設備	受信種別： U・V・BS・ CS CATV 受口個所数：	積上げ	@/個	できる限り積上げが望ましい 弱電の系統に比例して、ブースターが倍層する （マンションや1フロア複数テナントの場合、影響が大きい）	
インターホン設備 トイレ呼出設備	インターホン 仕様：	積上げ	@/台	必要機種、台数を想定する ・玄関～事務所、防災センター～各機械室等 器具金額＋配管配線	
放送設備	システム仕様：	積上げ	点/m² @/台	類似物件より面積当たり単価引用 ※ 時間があれば平面図より台数想定 スピーカー台数×単位＋配線配管 台数より必要W数を想定し、似たようなAMPを計上	
自動火災報知設備	総合操作盤： 有・無 受信機：	対象面積当たり単価引用	@/m²	類似物件より面積当たり単価引用 総合操作盤の有無の確認 天井裏の感知器の有無等は必要	
防排煙制御設備	制御個所数：	原単位当たり単価引用	@/個所	制御個所数の想定	
監視カメラ設備	システム仕様： カメラ台数：	原単位当たり単価引用	@/台	台数を想定し、原単位にて算出	監視の考え方（1階のみか各階も監視必要か）
避雷針設備	突針数：	積上げ		類似物件より金額引用、もしくはメーカー見積り徴取 突針数、導体長さ、接地極を想定し積み上げる場合もある	
その他				特殊設備はその都度考慮 例：太陽光発電、映像音響、車路管制等	

（出典：（一社）日本建設業連合会 関西委員会『H22 建築屋さんのための設備積算入門』p.41 より）

受電設備、発電機設備等、機器の負荷容量（kVA 等）がわかるものは、その数値（原単位）にてメーカー見積りを徴取するか、または、類似物件の原単位当たりの単価から、金額を算出します。負荷容量も面積と連動しますが、用途（執務室とバックヤードと駐車場では、必要な面積当たりの負荷容量が違う）、空調システム（EHP、GHP 等の違い）により変動があるため、単純な坪単価では算出できません。

- 対象数量あたりの単価引用

（類似物件の金額 / 対象設備の数量）×概算物件の対象設備数量

監視カメラ、入出退管理、インターホン等は必要なエリアより個数を算出し、個数当たりの単価で金額を算出します。

（物件によって、監視カメラはエントランス部分のみ設置＝説明が必要 ⇒ 全階共用部に設置等は発注者の要望により設置台数が異なるため）

- 通常の積み上げにて算出

インフラ（敷地形状等によりケーブル長さを算出）、外灯（台数を想定、埋設距離等を算出）、高圧幹線（特高受変電設備、サブ変電設備の位置関係によりケーブル長さを算出）等、建物面積と無関係なものがあげられます。

ニ：特殊要因の補正

地域性（寒冷地、海辺の塩害対策）やインフラ整備状況等の特殊要因による条件の違いを補正します。

ホ：その他

工事区分が不明確な場合は、見積りに含めている項目、または、除外している項目を見積条件書に記載します。

⑤ 給排水衛生設備工事の概算見積

給排水衛生設備工事の概算見積も、設備概要書をもとに、過去の類似案件（精算見積）を参考にして、中項目ごとに積み上げる手法が一般的です（表4、5）。電気設備工事の概算見積りと手法は同様です。

表 4　衛生設備 ＝ 概算の考え方 1

中項目	工事概要	金額算出方法		コメント	必要な資料
屋外給水設備	引込径：φ 引込距離：m 配管材料 散水栓数	数量積上げ		数量積上げ　要 引込ルート・口径を想定して、m数積上げ、掘削工事もm数積上げ 注) 引込工事費・申請手続き費を別途加算 引込先が国道等幹線道路の場合は引込工事費アップ 散水栓も数量積上げのうえ別途加算	付近見取図 全体配置図 引込み可能な道路と新設建屋間の距離の関係
屋内給水設備	給水対象範囲 配管材料 機器容量 （受水槽・ポンプ）	対象面積当たり単価引用 数量積上げ 原単位当たり単価引用	@/m² @/m³	水廻り面積を算出し、単価を掛けて算出、配管材料の違いで単価を考慮 横引きが長い場合や、単独で給水個所が発生する場合は、その分を数量積上げの上加算 受水槽は容量当たりの単価引用 （できればメーカー見積りを徴取） ポンプはカタログ等で金額確認のうえ算出	給水方式の考え方 配管材料 機器仕様
屋外排水設備	引込径：φ 引込距離：m 配管材料 排水桝数	数量積上げ	@/m²	数量積上げ　要 引込ルート・口径を想定して、m数積上げ、掘削工事もm数積上げ 排水桝数も個数積上げ 注) 引込工事費・申請手続き費を別途加算 引込先が国道等幹線道路の場合は引込工事費アップ 排水桝蓋が重荷重の場合は金額加算 配管保護（コンクリート巻）がある場合、m数を積上げの上金額を加算	付近見取図 全体配置図 引込み可能な道路と新設建屋間の距離の関係
屋内排水設備	排水対象範囲 配管材料 機器容量 （ポンプ）	対象面積当たり単価引用 数量積上げ	@/m²	水廻り面積を算出し、単価を掛けて算出、配管材料の違いで単価を考慮 横引きが長い場合や、単独で排水個所が発生する場合は、その分を数量積上げの上加算 ポンプはカタログ等で金額確認のうえ算出	配管材料 機器仕様
衛生器具設備	器具グレード	対象面積当たり単価引用	@/ 個	衛生器具数積上げ 注) できる限り品番設定の上、カタログ等で金額を確認し算出 原単位で引用する場合は、グレードに注意	器具表 （グレード指定）

（出典：(一社)日本建設業連合会 関西委員会『H22 建築屋さんのための設備積算入門』p.67 より）

表 5　衛生設備＝概算の考え方 2

中項目	工事概要	金額算出方法		コメント	必要な資料
給湯設備	給湯対象範囲 配管材料 機器容量 （給湯器）	対象面積当たり 単価引用 数量積上げ	@/m²	給湯対象面積を算出し、単価を掛けて算出、配管材料の違いで単価を考慮 横引きが長い場合や、単独で給湯個所が発生する場合は、その分を数量積上げの上加算 給湯器は、カタログ等で金額確認の上算出 注） 事務所等給湯個所がスポット的な場合は、給湯器の金額＋1個所当たりの配管 工事費×個所数で算出	配管材料 機器仕様
連結送水管設備	放水口数	数量積上げ	@/台	平面図より、放水口の位置を想定の上積上げ 注） 建物高さに比して建面積が極端に大きい場合は横引き配管分加算	
屋内消火栓設備	消火栓数	数量積上げ	@/台	平面図より、消火栓の位置を想定の上積上げ 注） 建物高さに比して建面積が極端に大きい場合は横引き配管分加算	
スプリンクラー設備	設置対象範囲	対象面積当たり 単価引用	@/m²	対象範囲の面積に単価を掛けて算出 注） 設置対象面積の大小により、単価は変わる	
消火器設備	床面積	対象面積当たり 単価引用	@/m² @/台	類似物件より、面積当たりの単価引用 注） 時間があれば平面図より台数想定	
ガス設備		対象面積当たり 単価引用 数量積上げ	@/m²	ガス配管敷設面積を算出し、単価を掛けて金額算出 注） 事務所のように、ほとんど竪管のみの場合は積上げ	
浄化槽設備	人槽	原単位当たり 単価引用	@/人槽	必要となる人槽を算出し、単価を掛ける 注） 人槽規模の大小により単価が変わる	
その他				特殊設備はその都度考慮	

（出典：（一社）日本建設業連合会 関西委員会『H22 建築屋さんのための設備積算入門』p.67、68 より）

イ：類似物件を探す

ロ：該当設備を把握する

　建物規模や建築基準法、消防法を考慮し、必要な設備を把握します。特殊設備の有無を確認します。特殊設備としては、浄化槽設備、医療ガス設備、ろ過設備等があります。

ハ：中項目ごとに概算金額を算出する

● 対象面積当たりの単価を引用する。

> (類似物件の金額 / 類似物件の対象面積)×概算物件の対象面積

　屋内給排水設備、給湯設備、スプリンクラー設備等、該当エリアにまんべんなく設置されるもの。

● 原単位当たりの単価引用

> (類似物件の金額 / 類似物件の原単位)×概算物件の原単位

　不活性ガス消火設備等、面積よりも対象空間の体積が大きく関わるものは、必要ボンベ本数を算出し、その数値にて金額を算出します。

● 対象数量あたりの単価引用

> (類似物件の金額 / 対象設備の数量)×概算物件の対象設備数量

　衛生器具設備、屋内消火栓設備、連結送水管設備等、面積と設置個数が一致しない設備は、その器具数を算出し、グレードを考慮しながらその数当たりの金額を算出します。

● 通常の積み上げにて算出

　敷地と建物の関係に大きく左右される屋外給排水設備は、配管ルートを想定し、長さを積み上げて金額を算出します。

ニ：特殊要因の補正

　地域性（寒冷地、海辺の塩害対策）やインフラ整備状況等の特殊要因による条件の違いを補正します。

ホ：その他

　工事区分が不明確な場合は、見積りに含めている項目、または、除外している項目を見積条件書に記載します。

⑥ 空調設備工事の概算見積

　空調設備工事の概算見積は、設備概要書をもとに、過去の類似案件（精算見積）を参考にして、中項目ごとに積み上げる手法が一般的（表6）です。電気設備工事の概算見積りと手法は同様です。

イ：類似物件を探す

ロ：該当設備を把握する

ハ：中項目ごとに概算金額を算出する

- 対象面積当たりの単価を引用する。

　（類似物件の金額 / 類似物件の対象面積）×概算物件の対象面積

　排煙設備、換気設備、空調ダクト工事等、該当エリアにまんべんなく設置されるもの。

- 原単位当たりの単価引用

　（類似物件の金額 / 類似物件の原単位）×概算物件の原単位

　空調機器等の負荷容量（kVA 等）がわかるものは、その数値（原単位）にて金額を算出します。

- 対象数量当たりの単価引用

　（類似物件の金額 / 対象設備の数量）×概算物件の対象設備数量

　自動制御設備等は必要な個数点数を算出し、その数当たりの金額を算出します。

- 通常の積み上げにて算出

　排煙設備のうち、非常用 EV 附室等に設けるものにあっては、対象面積当たりの面積単価のスライドではなく、排煙口数や主ダクト長さを積み上げて算出します。

ニ：特殊要因の補正

　地域性（寒冷地、海辺の塩害対策）やインフラ整備状況等の特殊要因による条件の違いを補正します。

ホ：その他

　工事区分が不明確な場合は、見積りに含めている項目、または、除外

表6　空調設備＝概算の考え方

中項目	工事概要	金額算出方法		コメント	必要な資料
熱源機器設備	空調方式 能力：kW	原単位当たり 単価引用 数量積上げ	@/kW	必要負荷を想定し、単価引用 注) できる限り機器想定を行い積上げる	空調範囲 機器リスト
空調機器設備	空調方式 能力：kW	原単位当たり 単価引用 数量積上げ	@/kW	必要負荷を想定し、単価引用 注) 熱源方式、機器台数により能力当たりの金額が変わるので、要注意 できる限り機器想定を行い積上げる 　例：EHP ＜ GHP 　　　空調機台数 少 ＜ 空調機台数 多	空調範囲 機器リスト
空調ダクト設備	空調方式	対象面積当たり 単価引用	@/m²	対象範囲の面積に単価を掛けて算出	ダクト敷設範囲
空調配管設備	空調方式 配管材料	対象面積当たり 単価引用	@/m²	対象範囲の面積に単価を掛けて算出 機器のコストとの比率を目安とする	空調範囲
換気設備	換気方式 ダクト材料	対象面積当たり 単価引用	@/m²	対象範囲の面積に単価を掛けて算出 注) 換気の方式によって金額が変わる (例：天井扇による3種換気 ＜ 全熱交換型換気扇設置) 特殊排気がある場合は別途加算	
機械排煙設備	排煙方式	排煙口数当たり 単価引用 数量積上げ	@/個	排煙口数を想定の上、単価引用 注) 非常用EV昇降路・特別避難階段附室については、できれば機器・ルート等想定の上、積上げ	
自動制御設備		原単位当たり 単価引用	@/点 点/m²	類似物件より面積当たりの点数引用	
その他				特殊設備はその都度考慮	

（出典：(一社) 日本建設業連合会 関西委員会『H22 建築屋さんのための設備積算入門』p.94 より）

している項目を見積条件書に記載します。

（3）精算見積

　精算見積には内容・精度の違いによって、「精算見積」と「精算概算見積」があります。

　精算見積時の設計図書は完成していて、施主や設計者の意図をくみ取るための苦労が少なく、概算見積のようにあらゆる手段を講じて進めなければならない状態にはなりません。

　しかし精算図といえども、不明な点があったり、図面相互間のくい違い等が発生する可能性がありますので、質疑書で解決を図ります。

① 精算見積

　設計図書の内容・仕様に基づいて、細部にわたり精密に「積算」し、その内容によって細かく「見積り」をする方式で、内訳明細書を作成します。

　これが一般的な見積方式です。

　「積算」　：設計図書を精査し、各部位ごとの仕様を確定し、その数量を
　　　　　　　算出する（一般に“拾い”といいます）。

　「見積り」：上記仕様及び数量に基づく時価を確定し、総額を算出する
　　　　　　　（一般に“値入れ”といいます）。

② 精算概算見積

　主に、設計図書が未完成の時点で内訳明細書を提出しなければならない場合に、設計図書の仕様に基づき、納まり等を想定し数量を積算し、見積りをする方式です。

　「精概算見積」と同じように見受けられますが、設計図書の精度が向上している分「精概算見積」より精度が高く、内容も充実したものとなります。

　概算見積と同様に、ある程度の誤差が発生するため、数％の「予備費」を見込みます。

③ 図面の優先順位

　設計図書の内容や精度が向上しても、部分的に記載できていなかったり、

図面相互間のくい違いが発生する可能性があります。 そのため、設計図書には「図面の優先順位」を決めて図示しています。

　図面の優先順位※に従い、図面に忠実に積算作業を行い、図面の仕様を守って時価を値入れしていきます。

（4）改修工事の見積り

　高度成長期の活発な建設投資によって、大量に建設された建築物もいまや半世紀を超え、建物の構造的な寿命が延びてきた近年においては、「解体 → 建替」よりもこれを適切に維持管理しつつ、機能を向上させるための改修やリニューアルを行い、有効活用することが省資源化を図り環境に配慮した社会をめざすうえで重要になってきました。SDGs の考えそのものですね。

　『建築改修工事の積算』※※ によると、「撤去 → 新築」よりも構造体をそのままにした（部分的な構造補修工事はあるものの）外装、内装の改修・模様替え・設備の更新が増えてきました。 改修工事は建物を使用しながらの「居ながら工事」となる場合が多く、改修内容によってさまざまな作業条件が発生し、その施工に当たってはあらゆる工法が選定されます。しかし、設計図書ではこの改修内容を細部にわたって明示することが難しく、また、改修工事の積算基準的なものもなく、見積りに当たっては非常に難しいものとなっています。

　見積りに当たっては、設計図書を参考に現地調査が主体となります。設計図書は施主の要望をできるかぎり忠実に表現し、施工者にとって理解しやすい表現が必要です。

　しかし、旧既存躯体（旧仕上）と新規改修仕上とが取り合う場面で、

※　設計図書の優先順位は、
　　① 現場説明時の質疑応答　　② 現場説明資料　　③ 積算時質疑応答書
　　④ 特記仕様書　　　　　　　⑤ 詳細図　　　　　⑥ 一般図
　となっています。
※※　出典：(公社) 日本建築積算協会『建築改修工事の積算』より

下記のような思わぬトラブルとコスト増が発生することが多々あります※※※。

☹別途発注業者との工事区分確認の漏れ

別途発注業者（施主の直接発注による除外工事）との打合せ不足により、お互いの工事区分の確認が取れていなくて、別途業者が当然施工しなければならない（と、打合せ段階で思っていた）部分の施工ができておらず、設計図にも反映できていなかったため双方とも施工予定のない範囲の工事が発生した。

☹発注者の思いを深く読み取れていなかった

事務室の簡易な内装・設備の改修のため、発注者による口頭打合せで概略を決定し、設計図の作成を行い改修工事がスタートしたが、発注者から内装の見栄えや壁の遮音性能についてのクレームが出た。

☹間仕切り変更における排煙設備の検討ができていなかった

店舗から事務所打合せコーナーに変更する改修工事で、特殊建築物への用途変更ではないため、用途変更の手続きは不要であったが、改修前の店舗の間仕切りは、小さな店舗が数店並んでいて、$100\,\mathrm{m}^2$以下の防煙区画で排煙設備が免除されていたのに対し、改修後はそれを統合して一つの大部屋の打合せコーナーとなるため、排煙設備の検討が必要であった。

☹施主の事前説明との相違

改修工事において、天井カセットからの水の滴下修理が含まれていたが、その原因は「結露」だと施主から説明を受け、調査したが当日は原因がわからないまま、設計に当たってそれをうのみにしてしまった。後日、空調機の不具合による「漏水」が判明し、その対応に予期せぬ費用と時間を費やした。

☹既設コンセント使用により本設ブレーカーが落ちた

簡易な改修工事のため、設計仕様では発電機等を使用せず、既設の電源

※※※　出典：（一社）日本建設業連合会 関西委員会『改修工事の落とし穴』より

を利用することにしていた。

発電機は準備せず、施主の了解を得て既設のコンセントから電源を取り作業していたが、本設分電盤に過電流が流れ、全館停電となってしまった。

☺床のビニル養生で入居者が転倒

集合住宅の大規模改修で、特記仕様のなかに共用部の壁塗装工事において通路や階段の床養生を行う仕様にしていた。監理者よりビニルシート使用の指示が出されたが、滑りやすいビニルシートを使用したことと、入居者との動線が交わる部分に安易な養生を指定してしまったことで、雨でビニルシートが濡れ、入居者が滑って転倒しケガをした。

外部廊下とかバルコニー等の床仕上げ仕様は、設計上通常「ノンスリップ仕様」とする場合が多いため、仮設とはいえ共用廊下の床養生材料は、特記事項として「ノンスリップ」の書込みが欲しいところですね。

☺壁の下地が塗装仕上げされていた

壁クロスの張り替え工事で、既存クロスをめくると下地が塗装仕上げされていた。

塗装の塗膜の影響で、クロスの接着が完全なものにはならず、剥がれやすくなるのだが、設計前の現地調査や設計段階での調査では、思い込みもあって確認ができていなかった。

改修工事の場合、解体撤去しないとわからない部分が多いので、できるかぎり事前調査を細かく行うことが重要です。

☺スラブコア抜き作業で配線を切断

事務所ビルの便所改修工事において、設計者及び監理者の指示により電磁鉄筋探査機を使用してスラブ内の埋設物を確認し、コア抜き作業を行っていたが、スラブに埋設されていた電線管と配線を切断した。

既存建物の図面には記入がなかったので、電磁鉄筋探査機により探査を行ったが、鉄筋は探査できたが電線管は探査できなかった。

小規模の簡易な改修作業であり、費用もかかるためX線による探査は設計仕様に記入していなかった。

☺舗装切断撤去による埋設配線切断

外部車路の雨水排水管補修工事で、排水管の更新を行うべく道路のアスファルト舗装面をカッターで切断したところ、アスファルト舗装内に配線されていた配線を切断してしまった。

これは事前調査が不十分であったためで、周辺機器類の配置状況やその配線配管等を既存図で確認する必要があります。

外構における配線配管は、既存図に記載できていない場合があり、やはり「事前に探査を行う」ように設計仕様に折り込む必要があります。

☺図面にない埋設配管を損傷させた

稼働している工場敷地内で、給水配管の切り替えを行うため、バックホウにて既存アスファルト舗装をめくり掘削したところ、既存埋設配管図に記載されていない配管が現れた。

急施工のため生きている配管なのか、不要な配管なのかを確認する間もなく撤去すると、水が噴き出して既存工場の給水系統が止まってしまった。

図面による調査は行っていたが、発注者から受領した図面には記載されていなかったため、不要な配管であると思ってしまった。

外構における配管は、既存図に記載できていない場合があり、やはり事前に試掘を行う必要があります。「試掘」を行うよう設計仕様に明記する必要があります。

③ 建築コストの構成

建築工事のコストはどのように構成されているのでしょうか？

一般的には、①製品の購入価格、②製品を現場（加工場）まで運ぶ運賃（物によっては加工場経由現場ということがあります）、③加工費、④取り付け費、⑤協力会社経費、⑥法定福利費（外出し）、の合計ということになります。

表7　型枠工事の単価構成

労務単価は、建設物価 2022.11 月号（大阪単価）による			基礎	柱
大工労務単価　25,800		型枠組立歩掛	9.1 m²／人	6.66 m²／人
		型枠解体歩掛	30.0 m²／人	31.0 m²／人
一般作業員労務単価　19,000		一般作業員歩掛	20.0 m²／人	18.5 m²／人
ひらいだし及び加工	100 ～ 750	建物によって変わりますが一般的に組立手間の10%～15%	430	580
組立（現場労務）	1,100 ～ 5,000	建物によって変わりますが1人が一日に平均10m²組立	2,840	3,870
釘代	6 ～ 10	加工時ロール釘、現場で使用する釘サイズ45、65 m²当り6円～10円	10	10
脱型（梱包・釘仕舞まで）	400 ～ 2,000	建物によって変わりますが1人が一日に平均25m²脱型	860	830
片付け・整理他 一般作業員		材料の場内運搬・片付け・整理等	950	1030
通勤費（通勤距離は想定）	30 ～ －	通勤手当（自宅～会社）・交通費（自宅～現場）月@30,000／人　月24日稼働	140	190
建退共	－ ～ －	一日310円証紙（m²あたり1円前後になるため折り込まない）		
コンパネ	308 ～ 926	塗装合板（輸入材）3×6、1枚@1,500円／1.62m²／平均3回転用～素地1回使用	310	310
桟木	60 ～ 200	米松27×60　@260円／3m当たり／1.8～3回転	140	140
セパレーター	80 ～ 180	基本スラブ部には使用しないので、全体で考える。基礎部は割高になります。	150	150
面木・目地棒	15 ～ 60	別途m換算する場合もありますが、1本当たり2mものです。		
消耗金物	10 ～ 80	番線、金物袋、アンカー、ドマスター、ガッツ、パネルアッパー、他	120	140
ぬすみ	3 ～ 30	欠き込み材（コンパネの端材で作成します）		
金物	50 ～ 80	締付用金物、チューリップ、チェーン、ターンバックル、ネガラミクランプ、他	120	140
サポート	50 ～ 150	資材管理、メンテナンス		
鋼管	75 ～ 120	資材管理、メンテナンス　壁15日、梁スラブ30日 梁13kg、壁20kg、柱23kg	220	390
加工場費用	30 ～ 100	電気代等必要経費	50	50
処分費用・リサイクル費用	100 ～ 150	処分費用、運搬代、片付手間		
型枠運搬費	180 ～ 800	10km～30km。運搬時は90～100㎡で1台（運搬・引取・横持）	300	300
※法定福利費用 その他	15 ～ 65			
会社経費・管理費	430 ～ 1,280	材工の10%～15%	660	810
計			7,300	8,940
※法定福利費用	240 ～ 1,242	事業主負担分（社会保険・厚生年金・介護保険・児童手当拠出金・雇用保険）	600～ 700	800～ 900
合　計			（7,900～8,000）	（9,740～9,840）

　型枠工事を例にあげて検証してみましょう。

　型枠工事単価構成表（表7）を見てわかりますように、「歩掛り」と「労務賃金」が大きく影響しています。

　歩掛りは、国交省発行の「公共建築工事積算研究会参考歩掛り」がありますが、民間工事においては各専門工事業者ごとに独自の数字を持っていますし、また労務賃金もそれぞれの企業による違いがありますので、実際の金額査定においては単価の差が発生します。

　表7を見ますと一つの単価を表すのにも、その単価を構成するために多くの項目・金額が関わっていることがわかると思います。見積書の査定を行う時に、単価に違和感を覚えた時には、「どのような要素が起因して高く（安く）なっているのか」を考えてみましょう。

④ 簡単な概算法

　プロジェクトの初期段階で、まだ内容が煮詰まっておらず、図面の精度も上がっていない時期に大まかに予算を把握するために行うのが、「概算見積」なのですが、こんな状態の時に何をもって見積りができるのか、不思議に思われる方もおられるかもしれません。何をベースにして行うのか？

　それは皆さんが「今までに扱ってきた精算見積」なのです。

　設計監理者としては、精算見積を受け取って、受注者が決まれば「あ～一件落着！」で済ませてしまってはいけません。それは「宝の持ち腐れ」ということになってしまいます。**「見積書は貴重なデータの宝箱」**なのです。

　たとえば「数量」、見積書の中にはいろいろな数量があります。最初に目にとまるのは、敷地面積、建築面積、延べ床面積、施工面積※です。こ

※　「施工面積」については、「3章 「施工面積」の捉え方でコストが変わる」を参照。

のそれぞれの面積は、建築技術者にとって非常に重要な数字と言えます。建物のコストを表現したり検証したりする場合のベースとなるからです。

　そのほかに、掘削土数量、残土処分土数量、コンクリート数量、型枠数量、鉄筋数量、鉄骨数量などの数量を面積当たりのデータとしてまとめ蓄積しておくのです。

　また各工事の金額を面積当たりの**データとしてまとめ蓄積しておきましょう**。そうすることにより、建物の面積さえわかれば図面の表示も何もないところから、各工事の概略数量が、概略金額が、湧き出てくるのです。

　その数量、金額を、同種の建物・同規模の建物に当てはめることにより、躯体の概略数量や概略金額、仕上げの概略金額が簡単につかめるようになります。

　この時の分母となる面積は、それぞれの立場の人が勝手に面積を想定して採用してはいけません。しっかりとした基準に基づいた「施工面積」を採用し、一定の基準に基づいた正しいデータにするべきです。

⑤ コストの目利きになる方法

　私たちの周りには日常的にさまざまなコストの数字が飛び交っていますが、そのコストをどのように評価するかは、それぞれの立場でそれぞれの判断によりますが、自分の判断基準を持っていて「これは正しい」「これは高い」「これは安い」という判断が一目でできれば素晴らしいことです。

　正しい、正しくない、という尺度は人によってまちまちで、Ａさんが「高い」と言ってもＢさんは「安い」というかも知れません。それは各自の価値観が違うからであって、もって生まれたものや生活をしていく過程で身についたものであろうと思います。

　各自の業務経験からくる判断、それはそれで正しい判断だと思います。

　しかし、その判断が建築のコストのこととなると、各自がまちまちというわけにはいきません。誤差はあってもほぼ同じような結果にならなけれ

図4　目利きの目
コストは「診る」という心構えで目利きの「目」を育てましょう。

ばなりません。どうすればそのような判断が導きだせるのでしょうか？

それは日頃の「心がけ」しかありません。常にコストに対し問題意識を持って、物事に取り組んでいくほかありません。

ものをみる時に、「見る」「観る」「視る」「診る」といった言葉がよく使われますが、コストをみるときには「見る」では、物の形や色を認識するだけになってしまい、眺めたり見学したりするだけになってしまいます。

「観る」でも、記憶に残らないものになってしまいます。観光客の目で見てはいけません。

「視る」で、細かい部分に注目して見ても少し物足りない。

ぜひ、「診る」という心構えで取り組んでいただきたいのです。

医者が患者を診察する時のような注意深さで取り組んでいただきたいと思います（図4）。

コストの「目利き」とは、このコストは○○円、こちらは○○円程度と、ズバリがわかるというのではなく、「あれぇ？　少しおかしいな」と疑問を持つような勘が働く人のことなのです。詳しくはあとで調べればいいのですから。

目利きになるためには、たとえ小さなことにも「疑問を持つ」ことが近道ですね。

⑥ 現場に足を運ぶことの大切さ

プロジェクトがスタートしたら、まず現地に行きましょう。

建物の概要を考え始める前に、まず現地を見てみましょう。

敷地がどちらを向いているか？ 前面道路が南側にある敷地は「南向き」です。

道路は広いですか？ 狭いですか？ 通行量は多いですか？ 少ないですか？ 人通りはどうですか？

敷地はフラットですか？ 傾斜していますか？ どちらに傾斜していますか？ 敷地の周囲は市街ですか？ 住宅街ですか？

周囲に高い建物はありますか？ 日当たりは？ 周囲は静かですか？……確認することは山ほどあります。

その一つ一つをよく確認しておかないと、いざ着工となった時に、また建物が完成した時に、さまざま問題に直面することでしょう。

敷地の特性を生かすことを心がけましょう。

特性を無視して敷地の形状変更をしようとすると、大幅なコスト増が発生してしまいます。

現地を確認することは、設計のみならず、施工面にまで目を向けて行っておかなければいけません。

道路が狭くて大型車両が入れないとか、一方通行になっていて進入するのに遠回りが必要とか、高架下の高さ制限、橋梁の重量制限等で大型機械の進入が困難になれば、設計変更が発生する可能性も出てきます（図5、6）。

通学路に当っていて車両通行の時間制限があって、工期に影響しそうだとか、どうにもならない問題もありますが、それを考慮した設計を行うことで、より良い結果が導き出されるでしょう。

敷地の入り口を予定している部分にバス停があったり、街路樹があったり、歩道の安全柵があったり、電柱があったり、支障がある場合が多いのです（図7）。

図5　現地調査＝行止まり

図6　現地調査＝道路が急に狭くなる！
現地調査は非常に大事。現地は地図の通りとは限りません。

　しかし、公共工作物には移設可能なものと不可能なものがあります（14章　外構工事の項を参照）ので、現地調査の際には、その内容を考慮して確

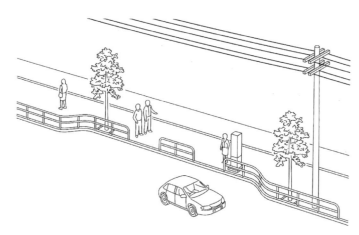

図7　現地調査＝道路公共施設物の調査（出典：（一社）日本建設業連合会 関西委員会『H24 建築屋さんのための積算チェックの着眼点』p.5 より）
道路にはバス停、街路樹、安全柵など公共施設物がいっぱい。

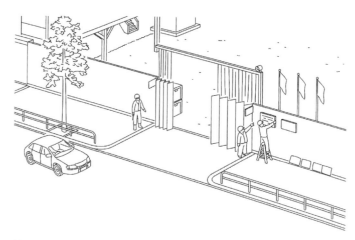

図8　現場入口（出典：（一社）日本建設業連合会 関西委員会『H24 建築屋さんのための積算チェックの着眼点』p.5 より）
バスの運行会社及び道路管理者に「バス停移動願い」を提出し、場所の移転を行うことも（結構時間がかかります）。

認することが大切です。

　場合によっては、計画変更をしなければならなくなる可能性もあります。

　支障がある場合は、申請をすれば移設できる工作物が多くあります(図8)。

⑦ チェックしておきたい指標

　コストのチェックにおける注意しなければならない指標※は物価の動向並びに労務賃金の動向です。

　物価はほんのちょっとしたキッカケで動き始めます。

　それは有力な一部の人間の恣意的な行動であったり、自然災害であったり、また、他国の国家的な方針転換であったり、さまざまな要因があげられます。

　たとえば、原油の産出量が少し制限されるだけで、すぐガソリンや軽油

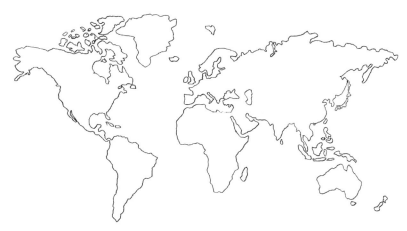

図9　世界の物価の動きにも注目
資材調達がグローバルな世の中においては、世界にアンテナを向け、情報を先取りすることが必要です。

※　建設物価指数（建設物価調査会）、建設工事費デフレーター（国土交通省）等

の価格にハネ返ってきます。原油価格が少し上がっただけで、あらゆる物に波及し、生活必需品に至るまで価格が高騰します。

　また、昨今の新型コロナウイルスの影響で、人流が止まり生産工場がロックダウンし物品の製造ができなくなりましたが、景気が持ち直してきた途端、ほとんどの製品が品薄状態で価格が高騰しました。

　このようなことは誰も予期しなかったし、できなかったことです。

　近年では、海外の生産拠点がロックダウンすると即、世界中に影響が現れます。

　2022年2月に海外の一部の地域で紛争が発生しましたが、その紛争が世界中に影響を及ぼし、物流が滞り世界的な物価高が発生しました。

　現在そして、これからの時代は、常に世界情勢に目を凝らし、今後の予測を立て、物価の動向に備えておくべきです（図9）。

2章　設計者と建築コスト

① 見積りは3社から取るべき理由

　建物の各種工事のコストを知るために、専門工事業者に見積りの依頼をしますが、ここにもいろいろな問題が隠れています。

① 見積りが間に合わない

　信頼できる（と思っていた）A社1社に絞って見積り依頼をしたのですが、一向に見積りが届きません。

　約束の期日をオーバーしていたのでしびれを切らし連絡をとると「もう少し待ってください」という始末で、スケジュールが大きく遅延してしまいました。

　複数社に依頼をしておけばよかったと思っても、後の祭りでした。

② どちらの金額が正しいのだろう

　見積りをA社とB社に依頼し、双方の見積りが届いたので比較したところ、A社は総額が安いが内訳で高い部分がかなりあり、B社は総額が高いが随所に安い部分があって、双方ともアンバランスなものでした。

　どちらの金額が正しいのだろう？　もう1社依頼しておけば傾向がつかめたのに！

③ どちらの明細が正しいのだろう

　A社とB社の見積りの明細内容をみてみると、記載している内容が違っているところが多く、数量の違いもかなりありました。

　どちらの明細が正しいのだろう？　もう1社依頼しておけば傾向がつかめたのに！

　以上のように、「後の祭り」にならないように3社に見積りを取っておくと、1社遅れてもスケジュールに齟齬をきたさないし、コスト面で考えても3社のうち2社が高く寄っているのか、安く寄っているのか、傾向がつかめます。また、記載内容や数量の違いについても、傾向がつかめてすぐ判断ができるのです。

② 設計者は見積りのどこを見るべきか

　見積書が届いたら、もちろんまずは「総額」のチェックです。ザッと面積で割ってみて、坪当たりいくらになっているか、思惑通りになっているか。

　それが確認できたら、いよいよ中身に入っていきます。

　金額の大きく突出している項目や極端に金額の低い項目にも目を通します。なぜその項目が高くなっているのか（安くなっているのか）。数量については、最近では「優れモノ」のソフトを使って積算していると思われますので、まず信用して間違いないと思いますが、入力間違いも考えられます。

　問題は単価です。どのような単価を使っているのか、それは妥当性があるのか、よく考えてみましょう。

　その作業が終われば、あとの項目を一通りチェック。

　経費の部分も全体率※をチェックしたほうがいいでしょう。

※　経費全体率：「経費÷直工費全体」で計算し、建物種別や案件の規模の大小、他社比較により、その率の判断を行います。

　3社見積りを取っていれば、並べて比べてみると一目瞭然で、違いが明らかになります。

　プロジェクトの目玉にしている項目や仕上げのスペックが正しく計上されているのか。勝手に VE されていないか。

　そして、絶対に見落としてはいけないのが、「別途項目と見積り条件書」です。

　この見積りは「安い」と思っていたら、別途項目（図1）が多く内容が別途になっているという事例がよくあります。

　また、見積り条件書（図2）に「この仕様については、このような条件で見積り致しました」とあるのを見落としてしまうと、設計図書の仕様とは違ったものになりかねません。

　設計図書の仕様通りに戻そうとすると、追加のコストが発生してしまい、全体金額がアップしてしまいます。

別　途　工　事

（建　築）
　　移動家具、什器、備品、じゅうたん、黒板、敷物、掲示板、看板・文字及びマーク、
　　広告塔・文字・マーク及びネオン、案内板、表示板、銘板、定礎板、
　　建屋以外の工事一式

（設　備）
　　電話機器及び配線、機械警備機器及び配線、各種分担金負担金
　　給水予納金、排水放流分担金、ITV 設備、AV 設備、キュービクル、倉庫棟の照明・コ
　　ンセント設備
　　建屋以外の工事一式

（その他）
　　地質調査、地中障害物除去、受電後引渡しまでの電力基本料金、
　　日照・電波障害等の近隣補償費、近隣調査費・折衝費、埋蔵文化財発掘調査にかかわる
　　費用一式、
　　開発に伴う工事一式、汚染土が発生した場合の調査・運搬・処理費用、諸官庁指導によ
　　る追加変更工事、
　　建屋の外壁ラインより外の工事一式

図1　見積り別途工事の例

見　積　条　件

- 本見積の見積価額の有効期間を見積提出日より30日間とさせていただきます。
- 今後、資材及び燃料等の値上り並びに調達への支障等の影響が発生した場合は、その対応について別途ご協議願います。
- 設計図書に記載がない工事・作業・機器・材料等が発生した場合及び、見積内訳書に記載がなく本工事を完成させるために必要な事象が発生した場合は、事象の規模にかかわらずその費用及び工期について別途協議により決定するものとさせていただきます。
- 見積り用図書は納まり・仕様が不明な点が多々あり、実施設計完了後に行う精算見積とは仕様・数量について差異があることをご理解ください。実施設計完了後及び施工図完了後に精算見積をさせていただきますので、仕様・数量の差異による費用及び工期について再協議をお願いいたします。
- 質疑回答で「今後の検討による」「適宜判断してください・想定してください」「概算見積時点では図面を作成しない」等の回答があって、適宜想定し判断してやっておりますが、精算図面もしくは確定の回答があった場合は、その差異により発生する費用及び工期についての協議をお願いします。
- 新型コロナが2023年5月8日より第5類に引き下げられましたので、今後の製作部門、流通部門への影響が著しく緩和されることとなりましたが、もし今後感染再拡大が発生した場合には、資材の調達費用・工期について別途協議をお願いします。
- 海外の情勢が非常に不安定な状況で、資材機材の価格や流通にかなりの影響が出ています。今後も続くと思われますが、現在より状況が悪化した場合は、その費用及び工期についての別途協議をお願いします。
- 今回の見積り範囲は、「建屋工事のみ」としていますので、造成工事、外構工事、植栽工事、インフラ工事等は含んでいません。
- また、設計図書には各建屋の外壁ラインより外の仕上げ仕様は指示されていませんので、見積り範囲からは除外しています。（各棟の大屋根下のテラス床仕上げ等）
- サイン工事については、建屋内のサインは計上していますが、建屋外のサイン工事については一切見積り範囲からは除外しています。

図2　見積り条件書の例

③ リスクをコストに置き換える

　建築のプロジェクトを遂行していく過程で、いろいろな不具合やトラブルが発生します。それを解決し吸収しながら工程が進んでいくわけです。

　さまざまなリスクを解決するためには、それ相応の費用がかかってきま

すが、予算に計上されているのでしょうか。

　いいえ「NO」です。予算の中には「トラブル対策費」なるものは 一切計上されていませんし、また見積書の中にもそのような内容の予備費は一切計上されません。

　では、リスクを解決するための費用はどこから捻出するのでしようか。

　建物の不具合やトラブルは、思いもよらず発生することもありますが、ほとんどの不具合やトラブルはある程度予測ができるものなのです。

　したがって「事後の対策費」ではなく工事としての「事前の工事費」として見積りに計上されます。「この工事を行うためには、先行下地工事としてこの工法を計上する」といった具合です。

　たとえば、外壁にタイルを貼る場合、下地や工法的に何の対応もせずにそのまま貼ると、剥落のリスクが非常に高くなることが予見されます。では、どうすれば剥落のリスクを減らすことができるのかを考えて、下地のコンクリート表面の事前処理工法や下地モルタルの仕様変更、貼りモルタルの仕様や工法の管理等を金額に置き換えて値入をします。

　また、鉄筋コンクリート造の大壁や工場の土間コンクリート等は、しっかり鉄筋を配筋していても亀裂が入ることが多く、これはいくら慎重に施工していてもリスクが大きいと言えます。

　したがって、コンクリートの大壁には一定の間隔で亀裂誘発目地を設置し、亀裂をその部分に呼び込むのです。

　また工場の土間コンクリートに関しても、一定の間隔で誘発目地を設置します。亀裂を防止するのではなく避けることのできない現象ととらえ、発生しても目地の中にとどめるための先行工法として施工します。

　つまり、「リスクを予測し、先行してコストに置き換えておく」ということです。もちろん、質疑のやりとりによって設計者が判断することになります。

④ そもそも見積りできる図面になっているか

　見積りを始めるときに気になるのは、図面の「精度」です。概算見積なら納得できることでも、精算見積で図面が整っていない場合は困りものです。

　精算見積の根本は「図面通りに積算する」ことなのですから。わからないことやわからないところ、理解できないところは質疑で確認を取るのですが、それでもわからないところをすべて確認はできませんし、「わからない」ということは大まかにでも情報が読み取れているのであって、「図面に表現されていないからそのような仕様の物があるとは思わなかった」ということになると、すべて抜け落ちてしまいます。

　質疑で網羅できればいいのですが、見積りできる図面になっていないと、プロジェクトが進捗するに従って多くの追加変更が発生するのです。

　予算にない、思わぬ追加金額が発生してしまいます。

　図面が描きあがったら、関係者が集まって「レビュー」をしましょう。これでいいか、もう少し書き足すか、詳細図を添付するか。

　施主の要求事項を伝達するツールとしての図面ですから、施主の「思い」が伝わらなければなりません。施主の思い、そして設計者の思いを伝えるのは、言葉ではなくメールでもなく、設計図書なのです。

　図面の大部分は理解できても、末端部分がわからない場合が多々あります。出図前に、もう一度振り返って、「これでいいか？」と自分自身に問いかけてみましょう。

⑤「見積り落ち」と「設計落ち」

　見積り作業がスタートすると、積算技術者（建築積算士）（以降積算士と呼ぶ）により積算作業から明細作成作業が始まります。

　積算士は設計図書から多くの情報を読みとり、仕様を確認し、その仕様

ごとの数量を算出し、明細書の作成へと作業を展開していくのですが、その過程で、あるべき仕様を見忘れたり見落としたり、仕上げをする場合の当然必要な下地処理や、前作業を計上していなかったりという時には、「見積り落ち」と判断され不名誉な結果を招くわけです。

　また、寸法の読み違いや入力ミスにより数量の計上が少なかった（多かった）場合も同様で、「数量落ち」「数量間違い」として批判の対象にされるのです。

　しかし、いくら真剣に取り組んでいても、どうしても設計図書から情報が読みとれなくて、結果として「見積り落ち」と同様の事態が発生することがあります。

　設計図書に記載がない場合は質疑で明確にしなければならないのですが、何も記載がなく気配も感じないものは質疑にあがることもなく経過していき、施工の段階になって浮かびあがってくるのです。

　設計図書に記載がなく、施主より出た新たな要望項目ではないものは、「設計落ち」としてカウントされ施工者から突き付けられます。

　これは「追加工事」という名目で処理されていきますが、当初より設計図書に織り込んであったなら発生しなかったものです。

　「見積り落ち」は施工者の負担で処理されますが、「設計落ち」は施主の負担となるのです。

⑥ コスト管理は施主・設計者と施工者の コミュニケーション

　工事が始まって工程が進み始めると、施主側からの新たな要望や、近隣からのクレームによる急な変更、各工事の納まりの不具合や、設計図書に表現されていなかった工事が、次々と発生します。

　これらは、ほとんどが契約内容外の「追加変更工事」として認識され、予算超過の要因となります。

図3　3者会議
施主・設計者（監理者）・施工者のチームワークが大切です。和気あいあいに話ができる場が必要です。

少しでも予算超過を減らすために、3者が集まって VE 提案を検討するのです。

施工者は VE 提案を行い、設計者はそれを検討吟味し施主に諮ります。施主はその内容が自分の「思い」から外れていないかどうかの確認を行い、予算と照らし合わせて承認します。

通常、工事が始まると「定例打合せ会」が毎週あるいは隔週、場合によって毎月の割合で開催され、施主・設計者（監理者）と施工者の3者の出席で行われます（図3）。

毎回、工程の説明から、追加変更の動向まで話し合われます。 定例打合せ会を持つことで、3者の意思統一が図られ、スムーズなプロジェクトの運営ができるのです。

⑦ 予算の範囲で価値をどこまで高めるか

建物を建てるなら、できるだけ価値の高いものを建てたいという気持ちは誰にでも共通することだと思います。

できるだけ「いいもの」を！

この場合の「いいもの」とはどのようなものでしょう。

高級な仕上げ材をふんだんに使ったものでしょうか？

高級家具をあしらったものでしょうか？

贅沢な間取りでしょうか？

人によって価値観はさまざまで、いろいろなもの、いろいろなレベルがあると思います。

「玄関やファサードに高級感を出したい」という人や、「いやいや居間が立派なほうがいい」という人もいます。「寝室に金をかけたい」という人もいます。

すべてにそのようなものを取り入れていくと、予算がいくらあっても足りません。

各々の建物には、それぞれの特徴がありますが、その特徴的な部分やゾーンにおいて価値を高める仕様に変えていけば、あたかも建物全体が高級感あふれる価値の高いものに見えてくるのではないでしょうか。

「適材適所」という言葉がありますが、必要なところに金をかけ、それ以外のところはそれなりに……ですね。そうすることで、予算を上手に使って価値を高めることができるのではないでしょうか。

⑧ 設計コンセプトの見極めが
　　コストバランスのとれた設計の要

設計が進んでいくと、往々にしてスケジュールに追われ、スタート時点の本来の方向を見失いがちになります。

また、工事が進んでいく過程においても、安全や品質・工程に目を奪われてしまい、「その建物の持つ特性は何か？」ということを忘れがちになります。

メインの部分の仕上げが通り一遍のものになってしまったり、力を入れなくてもいいような末端のスペースや部屋が立派にできあがったり、アンバランスな状態が時として発生してしまうものです。

予算が足りないからと VE でコストを下げる場合に、コストがかかり過

ぎているからといって、メイン部分の仕様を下げてしまったりしますが、VEの検討をするときには、「この建物のコンセプトは何か？」をよく考えなければ、価値のない建物に成り下がってしまいます。予算内でプロジェクトが完了したとしても、魅力のない建物となり、それでは何もなりません。

　あっちこっちに、ふんだんに金をかける必要はありません。

　終始一貫して、設計コンセプトを守り、金をかけるところはしっかりかける、始末するところはしっかり始末する。

　メリハリの効いた予算使いこそが、結果としてコストバランスの取れたいい建物につながると思います。

⑨ 図面は手紙と一緒、読む人に伝わるように
──図面で伝えたいところは、わかりやすく明示する

　施工者へのヒアリングの中に、次のような図面に関する事項がありました。

　ある案件の積算中に、追加変更図面が出図され、「さて、どこが追加されたのかな、何が変更になったのだろう」と、図面を見渡してみても、パッと見ただけでは「何が？」が理解できませんでした。

　設計者に確認したら、「追加変更箇所の明示は特にしていない」とのこと。

　新・旧の図面を並べて、一つ一つ見比べていくと、確かに各所で追加の記載があり、各所で変更になっていました。

　これでは、誰が見ても追加変更箇所の理解ができないし、追加変更が行われたことすらわかりません。積算者の技量によってかなりの誤差が発生してしまうような印象を受けました。

　今回の追加変更になった部分にマーキングでもしてもらえていれば、誰にでも一目で理解できるのに！　残念で仕方ありません。

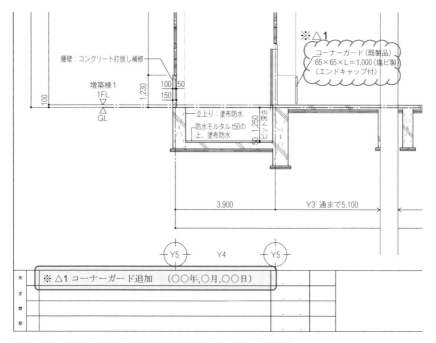

図4　追加変更事項がある場合は見積り担当者に伝わる表現を
追加変更図においては、いつ、どこが（何が）、どれだけ、どのように、変わった（追加された）の
か、それはその図において何回目なのか、5 W 1 H 的に図面に表現する必要があります。

　何とか追加変更部分の修正積算を終え、変更見積りを作成し、提出する
ことができました。

　見積書の条件欄には、「〇〇年〇月〇〇日付け追加変更図による、追加
変更見積りです」と記載しました。

　条件書に記載した日付の、追加変更図に基づく変更見積りのはずが、後
日の交渉において設計者から変更内容が漏れている旨の指摘をされました。
「変更内容が漏れていますが、当然、どこかに見込んでもらっていると考
えてよろしいですね」と言われ、差し出された図面を見ると、何と図面の
作成日付は同じでした。

　しかしまた新たな内容が追加されていました。

　いつの間にか変更内容が追加されている！

　図面の日付は変わっていないのに！

　やはり、変更部分のマーキングはありませんでした。

　これでは施主の意向が伝わりません。

　これでは、設計者の思いが伝わりません。

　変更内容をわかりやすくマーキングし、それが何回目で、何月何日に追記したかを書き込む必要がありますね（図4）。

3^章 建築設計とコストの変動要因

① 平面や立面が不整形な建物はコストがかかる

　古来より日本における建物の基本は、「縦と横」です。それは柱を建て梁を渡して建物を造ってきたからです。

　海外の石の建物文化と違い、日本は木の建物文化だったからそのようなことが言えるのかもしれません。

　近年になってデザイン上、斜めやクロス、曲線・曲面・ドームが取り入れられるものが増え、平面形状も正方形や長方形から雁行型や十字型、L型、曲面型等さまざまです（図1）。

　不整形な建物は相互間の取合い部分が多く、出隅・入隅の納まりが多いためコストが高くなりますし、雨仕舞等の複雑な納まりをする箇所が多いために費用がかかったり、取合い部で構造的に補強しなければならない部位が多く補強費用がかかったりします。

　正方形や長方形の建物に比べて、同じ床面積であっても、不整形の建物は往々にして外壁線が長く、また直線的でない外壁の面積が多くなる傾向があり、コスト高といえます。

　屋根工事においても、陸屋根の場合、パラペットが長くなり、防水の立上り面積が増えたり、笠木の長さが増えたり、内外の壁仕上げが増える傾

図1　バルセロナの集合住宅 Casa Mila（カサミラ、アントニ・ガウディ作）
設計者の思いが高じて、このような建物ができました。彫刻のような建物で、施工が難しく資材も特注、工期もたっぷりかかったことでしょう。

向にあります。

　勾配屋根においては、軒先仕舞やケラバ仕舞が増えたり、下がり棟仕舞が増えたり、役物が増える傾向にあります。

　ポイント的に、別形状の平面や立面を組み合わせるのは「あり」ですが、全体的なものに及ばないようにすることが、コスト管理の秘訣とも言えます。

　コスト的にいうと、「Simple is best」ということですね。

② 円型や曲線を多く使った建物はコストがかかる

　近年、曲線・曲面・ドームが取り入れられるものが増え、平面形状が円型や曲面型になっている建物が見受けられます（図2）。

　円型や曲面型の建物は、正方形や長方形の建物に比べて、最初の準備工事から、手間が違ってきます。

　最初の墨出し作業を例にとってみても、縦・横の墨だけでは不足なのです。ポイントを押さえて角度を出し、墨をポイントごとにプロットして、曲線を描きます。

　円型や曲面を持つ建物は、通常の平面や直線の既製の材料のまま使うわけにはいかず、工場加工して曲線の材料や曲面の材料を作りますので、材料代が大幅にアップとなります。

　また取付け手間に至っても、既製の材料で施工する場合と違い、ひと手間もふた手間もかかるため、コストの高いものとなります。たとえば曲面の型枠の場合、コンパネを曲げ加工しなければならず、工場加工費が既製のコンパネに比べ大幅アップします。

　取付作業も、通常の平面部分の作業と異なり、ひと手間もふた手間も時間がかかります。

図2　奈良100年会館外観
平面的にも立体的にも曲面が採用され、施工難度の高い建物となっています。

図3　コロッセオ（ローマ）
円型の建物の外壁、曲面のトラバーチン（大理石）の石張り壁となっています。

　また、曲面の石張り壁を持つ建物の場合（図3）は、曲面を作ろうとすると曲がり寸法を加えた厚さの石から削りだして曲面を作るため、曲がり寸法の大きさにもよりますが、石材が平面に比べて2倍も3倍もの厚さが必要となり、大幅なロスに加え、削りだし曲面の加工手間で、平面の石材に比べて大幅にコスト高となります。

③ 階高の高い空間や大きな吹き抜けの空間はコストがかかる

　通常の執務室や居室で、階高の高い部屋を考える設計者はいないと思います。

　ある戸建て住宅で「天井が高い」を売りにしているメーカーがありますが、ここで「階高が高い」とは2階分以上の高さを言います。

　一般的に、階高が高い空間や大きな吹き抜けは、その建物のメイン部分と言ってもいいぐらいで、建物のシンボル的なものとして「ここは凝った仕上げにしたい、ちょっと金をかけてみようか」となる部分だと思われます。

図4　奈良100年会館内部吹き抜け
メインロビーのため、仕上げ仕様レベルが高く、また吹き抜けのため壁の高さが非常に高く、床面積当たりの壁量が一般の部屋に比べて非常に多くなります。足場等の仮設も一般の部屋とは比べ物になりません。

　したがって、ただ単に「高い」ではなく「必然的に高くなっている」ということです。

　床面積当たりの単価が高いということなのですが、その理由は階高の高い空間や吹き抜けの空間は床面積当たりの壁量が非常に多いことにあります。

　そして、見せ場ですから、床も壁も天井も、設計者の誰しも力が入るため、さらに一層高くなっていると言えます。

　吹き抜けですから、床面積当たりの壁量が非常に多いため※、3層4層の吹き抜けともなると、床面積当たりの金額が膨大になってきます（図4）。

※　「3章9節 「施工面積」の捉え方でコストが変わる」の「19. エントランスホール等2層以上吹抜」の説明図にありますが、吹き抜けの床面積は最下階の床面積しかカウントしないため、たとえば多層分の壁面積を少ない床面積で割ると、面積当たり（○○円/m²、○○円/坪）の金額が大きくなるわけです。

④ 敷地が狭い場合、敷地いっぱいに建つ建物はコストがかかる

同じ規模、同じ仕様の建物であれば、同じ地域であればどこに建てても、杭地業工事を除いて、建物自体のコストはほぼ同じになると思います。

しかし、その建物を「広い敷地」に建てる場合と「狭い敷地（同じ建坪でも敷地が狭いため敷地いっぱいになる場合）」に建てる場合とでは、全体のコストが変わってくるのです。

広い敷地の場合でも、大きな建物が敷地いっぱいに建つ場合は同様のことが言えます。

狭い敷地いっぱいに建物を建てる場合、狭いが故の仮設を含めた「工事のやりづらさ」がコストに跳ね返ってきます。

建物の外側の敷地内に足場すら設置できない場合がありますが、隣地を借地して足場を設置したり、また隣地上空に足場をハネ出したりして設置することがあります。

隣地上空に足場をハネ出した場合は借地料と同等の使用料の支払いが発生します。

土工事の掘削をする場合でも、広い敷地の場合はオープンカットで掘削可能な場合が多いのですが、敷地いっぱいの場合は隣家に近接しての掘削作業となるため、山留工事が必要になってきます。

また、掘削が始まると、広い敷地の場合は、掘削部周囲に工事車両の寄り付きができますし、掘削土の場内仮置きも可能な場合が多いので、施工がやりやすいと言えます。

敷地いっぱいの場合は車両が敷地内に進入することもできないため、乗入構台を設置して工事車両が進入できるようにしたり、掘削土は場内に仮置きができないため、全数場外処分となります。

以上のように、各工事において資材の搬入・搬出が困難で、大型車両も荷揚げ用重機も入らないので、定置式クレーンを設置することになります。

工法や準備工事がほとんど割高方向になるため、敷地いっぱいの建物はコストが高いと言えます。

⑤ 前面道路が狭い場合はコストがかかる

　敷地の前面道路が狭い場合は、搬入車両の大きさに制限を受けるため、まず「大型車が通行可能か、小型車しか通れないのか」の判断を現地調査に出向いた時にします。

　場合によっては、専門工事業者同行による現地調査を行い、その判断を仰ぐこともありますが、通行困難なのは一部の大型車両だけなのか、全面的に小型車にしないといけないのかによって、コストに影響が出ます。

　道路が狭い場合は、搬入車両の大きさに制限が出る可能性が高く、すべての工事に影響が現れ、工法の変更から設計図書の仕様変更にまで及ぶ場合があります。

　仮設工事：大型トラッククレーンの進入が困難 → 定置式クレーンによる（小型車に積載するべく分解 → 現地組立て）→ 常に機械損料必要 → 割高となります。

　杭工事　：大型の台車進入困難 → 杭打機械の小型化 → 杭工法の変更に至る可能性 → 施工日数増加の可能性があります。

　土工事　：掘削機械の小型化、残土搬出のダンプカーの小型化により、施工日数増加の可能性。

　コンクリート工事：生コン車、ポンプ車の小型化により、1日の打設数量が制限され、打設回数増となり、小型車割増が発生します（小型車の台数が全国的に少ないため、注意）。

　型枠鉄筋：工場加工品が短尺寸法ものとなり、材料ロスが多く、現地で加工組立のため施工日数が増加。小寸法での加工による鉄筋の継手数の増加の可能性があります。

鉄骨工事：同様に、工場加工品が短尺ものとなり、柱・梁の継手数が増加したり現場溶接増が発生します。

部材サイズの変更や補強が発生することもあり、割高となります。作業日数増となります。

建方重機が小型しか進入できないため、建方工法・手順の見直しが発生します。

仕上工事：仕上材・製品のサイズが搬入車両で制限され、場合によっては分解して搬入後、現地で組立が発生する可能性があります。作業日数増となります。

設備工事：配管材を短尺もので搬入するため、継手が増える可能性があります。作業日数増となります。

また、大型機材は場合によっては分解して搬入後、現地で組立が発生する可能性が出てきます。

外構工事：建物が敷地いっぱいの場合、重機や場内運搬車両が使えないため、人海戦術による手作業が各所で発生します。作業日数増となります。

　すべての工事に何らかの影響が現れるため、その対応のための割増費用が発生し、コストアップとなります。

⑥ 郊外に比べて市内の立地はコストがかかる

　郊外は市内に比べて地価が安いため敷地が広めで、ある程度余裕のある計画が多くなっています。したがって、敷地内で対応できるものが多く、余分な費用の発生が少ない傾向にあります。

　郊外の案件（図5）の仮設工事を例にあげますと、

● 現場周囲に設置する仮囲いは万能塀でなくてもフェンスバリケード程

図5　郊外の現場
車や人通りが少なく、敷地にも余裕があるため、仮囲いはバリケード程度となっています。

　度で OK の場合があります。

- 仮設事務所や詰所は敷地内に設置可能で、借地や事務所用のテナントを借りなくても可能な場合が多くなります。
- 郊外ですから作業員はほとんどが車通勤ですが、ほぼ敷地内で駐車可能の場合が多くなります。
- 搬入車両や荷揚用の重機も自由に出入りできます。
- 交通量が少ないため、誘導員は多くの資材の搬出入時のみ増員配置。

　それに比べ市内の案件（図6）は、隣家や隣のビルに近接している場合が多く、隣地（隣家）に工事の影響が及ぶ可能性が大きいのです。

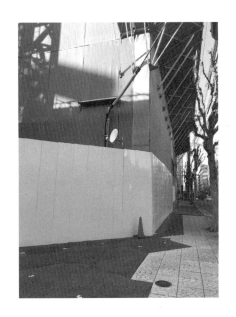

図6　市内の現場
市内の現場は、車や人通りが多く、敷地いっぱいに建物が建つため、しっかりとした仮囲いや飛散
防止設備が必要になってきます。

- 敷地周囲の仮囲いは、万能塀（H3m）でしっかり囲う必要があります。場合によっては、さらにその塀の上部に防音シート等を張る場合も出てきます。
- 仮設事務所や詰所は、敷地内に建てる余地がありませんので、テナントビルの借室となります。
- もちろん駐車スペースもありませんので、作業員は極力公共交通機関での通勤ということになります。
- 足場面の防護については、メッシュシート張りだけというわけにはいかず、防音シート張りが必要な場合が出てきます。
- 搬入車両はいつでもOKとはならず、毎日のジャストインタイムの資材搬入管理が必要となるため、搬入待機時間が発生します。
- 揚重機にトラッククレーンは使用できず、定置式のタワークレーンを使用するため、組立解体費や毎日の損料が発生します。

● 誘導員や警備員を常に複数人配備。

　直工費以外もほとんどの項目が割高となり、郊外と市内の同じ建物のコスト比較をすると、市内のコストは高くなります。

⑦ 断熱重視か採光重視かによってコストが変わる

　家の作りやうは、夏をむねとすべし。冬は、いかなる所にも住まる。暑き比わろき住居は、堪へ難き事なり。……天井の高きは、冬寒く、燈暗し。……

　これは吉田兼好法師の徒然草の一節ですが、古来より日本における建物は、「夏に過ごしやすい家にするべきだ、冬はどんなところにでも住める。暑い時期に悪い住まいは堪えられない」ということが言われてきました。

　兼好法師が生きた鎌倉時代～南北朝時代でも、これだけのことを書くほど夏が蒸し暑かったと思われる日本ですが、近年地球温暖化が進み、鎌倉時代では考えられないぐらい夏の気温が上がり、熱帯地域並みの暑さになっていると思います。

　しかし現在では住設機器の冷房・除湿の機能が充実しており、その熱帯並みの暑さを凌ぐことが可能になりましたので、兼好法師のいう「……夏をむねとすべし……」の言葉は当てはまらなくなっているような気がします。

　それでも、住設機器だけに頼って「すべてOK」としていたら、真夏の熱負荷はすさまじいものがあり、これを解消するために皆が住設機器をフル運転していたら、エネルギーの供給が追いつかなくなります。

　そこで近年では建物内に熱を取り込まない工夫＝断熱工法の採用が進んできました。SDGsの考え方が浸透してきたこの頃においては、電気エネ

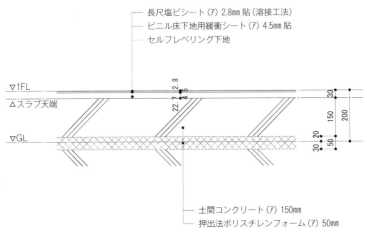

長尺塩ビシート (ア) 2.8mm 貼 (溶接工法)
ビニル床下地用緩衝シート (ア) 4.5mm 貼
セルフレベリング下地
▽1FL
△スラブ天端
▽GL
土間コンクリート (ア) 150mm
押出法ポリスチレンフォーム (ア) 50mm

図7　土間下断熱

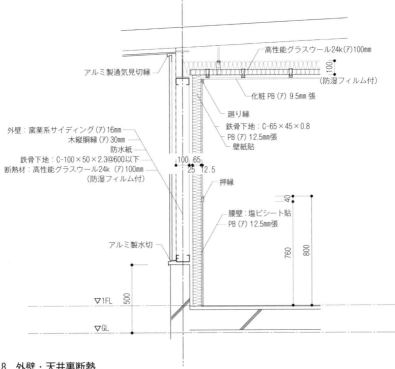

高性能グラスウール24k(ア)100mm
アルミ製通気見切縁
(防湿フィルム付)
化粧 PB (ア) 9.5mm 張
廻り縁
鉄骨下地：C-65×45×0.8
PB (ア) 12.5mm 張
壁紙貼
外壁：窯業系サイディング (ア) 16mm
木縦胴縁 (ア) 30mm
防水紙
鉄骨下地：C-100×50×2.3@600以下
断熱材：高性能グラスウール24k (ア) 100mm
(防湿フィルム付)
押縁
腰壁：塩ビシート貼
PB (ア) 12.5mm 張
アルミ製水切
▽1FL
▽GL

図8　外壁・天井裏断熱
断熱を考慮し、外周壁の部屋内側及び天井裏には、グラスウール充填・敷込みを行います。

ルギーの無駄使いや過剰な使用をセーブするためにも、ぜひ全面的に取り入れたい工法です。

　屋上の断熱防水及び押えコンクリートに軽量コンクリートの採用、最上階天井裏に断熱材敷込み、外壁廻り発泡性断熱材吹付け（図8）または、外周二重壁内断熱材充填、1階土間下断熱材敷（図7）等が最近の断熱工法として採用が多い工法です。

　断熱工法は建設時の初期投資金額こそかかりますが、その後のランニングコストを含めて考えますと、結果として安く抑えられると言えます。

　一方で、「明るい窓辺」「眺望がいい」を売り物にした大きな窓や天窓を配置した建物も多く、断熱とは相反する仕様になっています。

　大きな窓はそれだけで断熱効果が薄れてしまいます。まして天窓は太陽光をそのまま取り入れてしまいます。断熱をおろそかにして採光に力を入れることは、外部の「熱」を建物内部に引き込んでしまうことになり、空調効率の悪いものとなってしまいます。

　しかし、窓の持つ魅力は捨てがたいところであり、窓からの熱の侵入を防ぐ手法を講じながら採用すべきです。

　サッシ自体を樹脂サッシにして熱伝導を防いだり、Low-e ガラス（複層）の採用の促進や、複層ガラスの中間層を真空にしたものを採用したりすることにより、断熱性能の高い窓辺にすることができます。

　断熱一辺倒になると、断熱が効いて快適な室内空間ができますが、建物内部が暗くなります。採光一辺倒となると、眺望のいい明るい窓辺の室内空間ができますが、断熱に難があり、その対策のためのコストがかかります。

　一長一短があるため今では、両方を兼ね備えた考えが主流となっています。

　断熱主流にしても、採光主流にしても、いずれも結果として建物の断熱を考慮しながら採用することに変わりはありません。夏の暑さ対策が一段落したら、今度は逆に冬の寒さが気になってきます。

　しかし上記で述べた夏の断熱は冬も有効で、断熱材が冬の寒さも遮断してくれるのです。断熱をすることにより、夏も冬も空調効率の高い快適な建物になります。

　断熱工法は以前はほとんどなかった工法ですから、断熱をすることによるコストアップ感はかなりのものがあると思います。

　採光主流での断熱工法ともなると、さらにコストアップは免れません。しかし先に述べましたように、ここは「金をかける部位」ではないでしょうか。初期設備投資・ランニングコスト・居住性等を熟慮して、採用に向けた判断が望まれます。

　設計の趣旨・方針がハッキリ伝わるよう、指示を徹底しましょう。

⑧ 建材は重さ、性質、工法を理解していないとコストを見誤る

　先に「適材適所」という言葉を使ってコストのことを説明しましたが、ここでは使用場所（部位）について説明します。

　建材（仕上げ材料）の仕様を決める場合に、床○○、幅木○○、壁○○、天井○○、と決めますが、部屋の種類によって、また部位によって適しているものや適していないものなどがあり、それを無視して決めてしまうと思わぬ不具合が発生してしまうことがあります。

　まさに「適材適所」で建材を理解して決めないと、抜け落ちてしまったり、安く見込んでしまったり、高く見込んでしまったり、コストを誤る場合があります。

▶ 重さ

　乾式間仕切（軽鉄間仕切＝LGS）の壁に「石張り」の仕様の場合があります。

　この時の石張りは、軽鉄間仕切下地より引金物等で固定をしますが、花

崗岩・大理石とも石の重さだけで約67kg/m²（t25mm）あり、軽鉄間仕切下地では耐えられない重量となりますので、鉄骨でしっかりした補強下地を設置する必要がありますが、設計図に記載がない場合は漏れてしまうことがあります。

▶ 性能

トイレや洗面所等の水廻りの部位で石膏ボードを張る場合、通常の石膏ボードは湿気に適さないため耐久性に問題があるので耐水石膏ボードを使用する必要があります。設計図に記載がない場合は漏れてしまうことがあります。

▶ 工法

トイレや洗面所等の壁に、化粧ケイカル板仕様の場合がありますが、下地に直接ビスで止めることができないため、接着貼りとなります。ところが下地のボードが設計図に漏れていることがあり、見積りから抜けてしまうことがあります。図面に記載がなく、見積り時に漏れた場合は、追加工事の対象となりますので、下地に至るまで図示が必要となります。

天井の化粧ケイカル板貼りの仕様の場合がありますが、化粧ケイカル板は「張り」ではなく「貼り」になります。前述の通り下地の耐水石膏ボードやケイカル板に、ビス止めではなく接着剤貼りのため、長い目で見ると浮いたり剥がれたりする可能性があります。そのため、この仕様の採用に当たってはメンテナンスを念頭に置いておく必要があります。

また、梁底等のタイル貼りの仕様に出くわすことがありますが、長い目で見ると剥落の危険があり、極力避けるようにしたいものですね。

図面通りに施工しているものについては、「瑕疵」の対象にするには難しいため、メンテナンス費用として施主側の負担になってしまいます。

⑨「施工面積」の捉え方でコストが変わる

「施工床坪単価」は業界のみならず、一般の方も利用する言葉になって

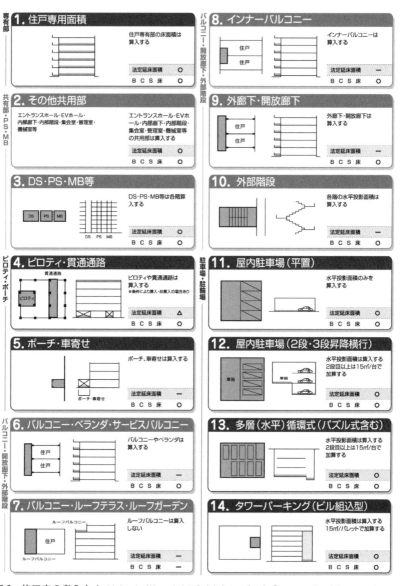

図9　施工床の考え方1（出典：（一社）日本建設業連合会関西委員会『H18 BCS 施工床』p.3 より）

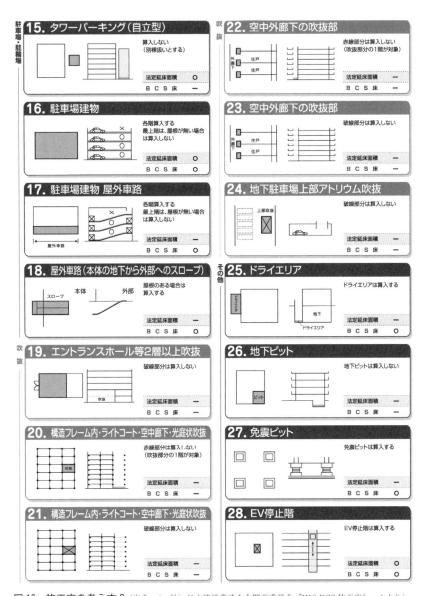

図10　施工床の考え方2（出典：（一社）日本建設業連合会関西委員会『H18 BCS 施工床』p.4 より）

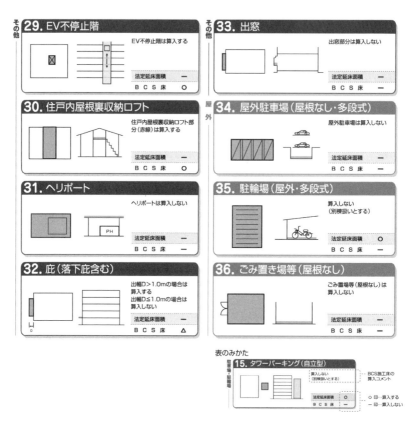

図11　施工床の考え方3（出典：（一社）日本建設業連合会関西委員会『H18 BCS施工床』p.5より）

いますが、現実として「施工床」の建築業界標準というものはありません（図9〜11）。すなわち、使う人によって異なる基準で坪単価（m²単価）を評価しているのです。

　一般的にバルコニー、開放廊下、ピロティ（玄関部）等については「法定延床面積」から緩和（除外）されており、法定延床面積は実質的に施工床面積とはなり得ません。バルコニー・開放廊下の面積比率の高い集合住宅にあっては、その傾向が顕著に表れます。

　さらに近年の住環境意識の向上にあって、住宅開発関連各社はこぞって、

「質の高い住環境」をうたい文句に開発に取り組み、その際、他社との差別化の手段として、この法定延床面積に含まれないバルコニーや開放廊下等の専有面積以外の住環境をアピールされるようになり、次第にバルコニーを大きくしたり、広々としたピロティを設けたりするケースが増えてきました。今後もこの傾向は続くと思われます。

　この「法定延床面積」から除外され、以前とは比べものにならないぐらい広く、また仕様が向上したバルコニー等の設置により、法定延床面積ベースの「施工単価」は実態を反映していないものになっています。

　したがって、この法定延床面積ベースの単価は、使う人（企業・団体）でまちまちの金額になっている可能性が大きいといえます。使う人によって、一体どの単価が正しいのか判然としないままでは、正しい単価の評価にはなっていないため、統一された面積による正しい評価が行われるべきだと思います。

　見積りのベースとして使用する単価や数量の歩掛りは、担当者が独自の判断で算定した面積を使って算出すると、精算見積まで進んだ時点で大きな誤差が発覚し、事業の妨げになってしまいます。工事を行う場合に、実際に手掛ける面積＝施工面積と考え、一定の判断基準に基づいた面積を採用するべきではないでしょうか。

4章 企画段階の建築コスト

① 施主にまず確認するポイント

　施主に最初に確認すべきことは、プロジェクトを始めるに当たっての「思い」「イメージ」です（図1）。

　何を造りたいのか？ どのようなものにしたいのか？ どのぐらいの規模にしたいのか？

　最低限「これは必要！」というものを聞き出しましょう。最初の「熱い

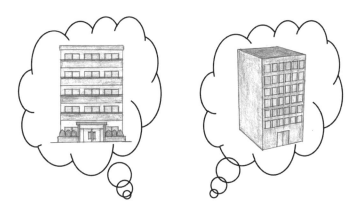

図1　建物のイメージ
施主の思い・イメージが全ての始まりになります。

思い」は施主のニーズそのものです。大事にプロジェクトに生かしたいものです。

　その次に確認すべきは、やはり予算でしょうか。

　企画段階では、まだ概要も固まっていないかもしれませんが、建物の種類や規模の目安がわかれば、概略の金額が見えてくるものです。

② 計画コンセプトを固める

　建物計画の初頭から方向性がブレないように、まずコンセプトを固めていかなければ、ただの箱もの造りになってしまいます。

　何も難しく考えることはありません。前項で述べた「施主の熱い思い」をもとに展開すればいいのです。

　前項で施主から聞き出した内容、

　　「どのようなものを造りたいのか？」
　　「どのようなものにしたいのか？」
　　「どの程度の規模にしたいのか？」そして、
　　「どこに造りたいのか？」

　これらを基にして、施主の「思い」をふくらませていきます。

　計画の段階ですから、とりあえず細かい内容については不要で、大きな方向性を煮詰める作業に取りかかります。

- どのようなものを造りたいのか？→マンション、テナントビル、店舗、工場等
- どのようなものにしたいのか？　→マンションなら、分譲 or 賃貸？ファミリータイプ or ワンルーム？等

- どの程度の規模にしたいのか？　→マンションなら○戸程度、
  事務所ビル○階、○○ m² 程度等
- どこに造りたいのか？　　　　　→地価の程度にもよりますが、
  市内なのか or 郊外なのか？

　大筋で概要が固まってきたら、建設場所の情報を選りすぐって、候補地の選択です。

　先に建設地が決まっている場合が多いのですが、やはり立地は重要です。

③ 求められる基本スペックを整理する

　概要が固まってきたら、いろいろ出てきたスペックを整理してみましょう。ボツにしたものでも、違う目線で見直してみると、候補として案外「いける」ものもあるかもしれません。

　簡単に廃案にせず比較検討の対象として並べてみてはいかがでしょう。

　同類のスペックをグループ分けして整理していくと、類似の内容が多いのに気がつきます。

　多くの情報やスペックも、グループごとに分類してみるとわかりやすく、同類のものを合体したり編集したりして、さらに素晴らしいスペックに変わっていくことがあります。

　建設候補地選定のスペック一つを整理・選択するときには、あらかじめ建設地が決まっている場合は別として、これから決めていかねばならない状況においては、大切な作業です。

　①「駅に近い」「交通の便がいい」「徒歩○分」
　②「静かな」「閑静な」「緑豊かな」「落ち着いた」

　それぞれ同じようなことを表現しています。一つに絞ってもいいし、合

体して一つのスペックに変えるのもいいと思います。

　大事なことは、「求められるものは何か！」です。

④ 目標とするコストを決める

　目標コストを決める時に重要なのは、自己資金と融資可能額によって左右されるということです。

　融資可能額が多ければ自己資金は少なくて済みますが、融資額の査定金額が低ければ自ずと自己資金への負担が増えて、その時の自己資金調達可能額が限度額いっぱいであれば、工事予算が少なくなってしまいます。

　自己資金が少なければ、プロジェクト全体がしぼんでしまって大胆な展開ができない可能性も出てきます。

　計画の初期段階では、「あれも必要……」「これも必要……」という風にいろいろ取り込んで理想が先行し、ふくれ上がったものになりがちですが、そのようななかでも余分なものや過剰なスペック等を見直し、スリムな計画にしたいですね（図2）。

　しかし、あまりにもコストを気にしてスリムにし過ぎると、面白味のない「魅力」に欠けるものになってしまいますので、これは避けなければい

図2　コストをイメージする
求められるものは何か、必要なものをイメージしましょう。

けません。

　スリムななかにも人を引き付けるような内容を折り込みたいものです。まずはいったんコストを絞ってみる。そのうえで予算上の可能性を見出せたら、そこからが「腕の見せ所」となるのではないでしょうか。

⑤ 複数の設計案を比較する

　「1章4節　簡単な概算法」や「2章1節　見積りは3社から取るべき理由」及び「2章2節 設計者は見積りのどこを見るべきか」の項でふれましたが、コストを算出する場合に、今まで過去に手掛けて実施してきた案件を複数比較検討することは、よくある手法です。

　特に、具体的に図面化されていない時期の「超概算見積」や「概算見積」においては有効な手法で、類似の用途や規模の建物を比較表に並べて、それを比較検討・分析することにより、貴重なデータになります。

　たとえば、躯体の数量や金額などは、ある程度図面が進まないと算出できないものですが、概算見積時における手法は、過去の類似案件のデータを何件か比較検討することによりピックアップすることで、特殊な内容が含まれていなければ大筋でほぼコストが算出できるのです。

　また、精算見積時においても、複数の案件を一緒に比較表の横に並べてみますと、他の案件に比べて異常に高い項目があったり、逆に異常に低いものがあったりと、異常値の発見にもなります。

　コスト的にうまく収まった案件と比較することで、金額を絞るポイント探しにも利用できそうです。

⑥ 概算見積の依頼の仕方

　プロジェクトの内容や図面がまだ初期の段階において、概要や大まかなコストを知りたい時に行うのが「概算見積」なのですが、概算見積に何を

期待するのかによって、準備する資料や提供する情報が変わってきます。

　ザックリ「坪いくらぐらい？」という一過性の依頼についてはある程度のボリュームプランであれば足りるのですが、継続性のある案件ともなると、大まかな図面と大まかな仕様があったほうがいいと思われます。

　このような継続性のある案件では概算と言えども、仕様を想定し積算を行って数量をつかみ、コストを算出していきます。

　継続性のある場合、「前回より何がどのように変わったのか？」ということをよくいわれます。

　「概算ですからよくわかりません」と言ってもいいのですが、施主側の期待に応えるためにも、説明できる程度の内容のものを作り上げることが肝心です。

　施主にとっては、概算見積も精算見積も同じレベルで、コスト的に大きく違いが出ることは許されません。「概算見積だから」という言い訳は通用しないのです。

　「この概略図で、ここまで想定して、このような金額になりました」という説明をしたいですね。

⑦ 歩掛りについて

　歩掛りには「数量歩掛り」と「労務歩掛り」があります。

　数量歩掛りとは、定められた面積当たり・長さ当たり・体積当たり・重量当たりに、コンクリート、型枠、鉄筋、鉄骨等の数量がどれだけあるのかをまとめたもので、労務歩掛りとは、同上面積当たり・長さ当たり等に、何人がかかわっているのかをまとめたもので、それをデータ化したものです。

　この歩掛りをデータ化することにより、建物の種類ごと、構造の種類ごとに $1m^2$ 当たりのコンクリート・型枠・鉄筋・鉄骨等の概略数量がわかるのです。

　概略概算図から躯体工事の数量を想定する場合に、数量歩掛りをもとに面積を掛けて、

> コンクリート○○ m^3/m^2 ×面積○○ m^2 ＝○○○ m^3、
> 鉄筋○○ kg/m^2 ×○○ m^2 ＝○○○ kg

という風に概略想定数量を算出するのです。

　また、施工手間を算出する場合に、労務歩掛りが使われます。1人の職人が1日に何 m^2 施工できるか（何 kg 施工できるか）。それにより、手間の $1m^2$ 当たり・$1m$ 当たりあるいは $1kg$ 当たりの施工単価に影響を与えます。

　この時に分母となる面積は、すべての案件にとって共通の考えに基づいて算出されたものでなければなりません。

　建築面積や法定延床面積ではバラツキが出てしまいます。

　つまり、「施工床面積※」こそが最もふさわしい面積と言えます。

　各人が思い思いの面積を使って分析をしていると、そのデータはバラバラなものとなり、歩掛りとして使えないものになってしまいます。日常から、歩掛りをデータ化する習慣を身につけましょう。

⑧ 発注戦略を立てる

　プロジェクト（工事）の発注に際して、どの時期のどの段階でどのように発注をしていくのかは重要な戦略の一つです。

　早い時期に設計図書が完全にできあがっていれば、入札方式のように金額の低い企業に決めればいいのです。

※　施工床面積は、「3章9節 「施工面積」の捉え方でコストが変わる」を参照。（「施工床面積」の基準は（一社）日本建設業連合会 関西支部『H18 BCS 施工床』より）

　金額が拮抗しているような状態の場合は、各社の見積り精度がほぼ同水準と判断できるのでそれでいいのですが、1社が飛びぬけて安いような場合、また1社が飛び抜けて高い場合には「要注意」です。

　内容を見比べて検討してみる必要があります。

　何か見当違いか？　何かが他社に比べて抜け落ちている可能性があるのか？　また何かが他社に比べて高い要素があるのか？　一概に「安いから」「高いから」では採用できず、ヒアリング・検討が必要になります。

　設計図書ができあがっていない時期の業者の選択はさらに難度が高いと言えます。図面や見積要項ではっきり提示できていないわけですから、各社の受け取り方がそれぞれ違っていて当たり前です。

　概算見積になりますので、「何をどのように見込んでいて、何を見込んでいないのか」よくヒアリングのうえで決定すべきです。

　いずれにしても、金額を提示してくるわけですから、概算見積で業者決めを行うのか、精算見積まで待つのか、その判断が大切です。

　概算で発注した場合には、設計図書の進行状況に応じてタイムリーに何回も修正見積が必要となり、施主－設計－施工者が一体となってプロジェクトに取り組んでいけますし、コスト改善に向かって有効な手段が図れます。

　精算見積による発注の場合は、細かい検討が可能なわけで、概算見積で発注する場合でも、精算見積で発注する場合でも、一長一短があり、決断が難しいことでしょう。

5章 基本設計段階の建築コスト

① 単価の考え方

　基本設計段階では、まだ細かな仕様が固まっておらず、建物の形状・規模もまだ決定に至っていないことが考えられるため、仕様＋数量×単価というわけにはいきません。

　「1章3節　建築コストの構成」の項でも記載しましたが、単価は日常的に「@○○ /m²」「@○○ /m³」「@○○ /m」といった形で表現されます。

製品の価格＋

運搬費＋

現場内所定場所までの荷揚・小運搬費＋

下地調整費＋

取付手間＋

残材片付け＋

清掃手間＋

発生材処分費＋

交通費＋

協力会社経費＋

　　場合によって加工場置場経費

等の一連の要素が加味されて算出されます。

　仕様が固まっていない基本設計段階においては、建物種別ごとの「坪単価（面積単価）」等でしか表現できず、特殊なデザイン部分についてはさらに加味していきます。

　大まかな金額しか出せないため、あくまで「目安」的な扱いに留めておくべきであると思います。

　算出したコストが予算よりオーバーしているからといって、即変更の対応は困難です。

　　| 基本設計段階＝超概算見積＝中身がない |

のですから。

② 基本設計段階の VE は大まかな規模・面積・仕様・単価の組合せ

　VE（バリューエンジニアリング）※は、仕様の固まっていない基本設計段階においては、見積り自体も明細的なものは作成困難で、大まかなものにならざるを得ません。そのような状態での VE は非常に難しいものになります。

　一般的に考えられるのが、規模の縮小（面積減や階数減）や付属物の取りやめといったことが多くなります。

　それはもう、VE というより CD（コストダウン）※ということですね。また、基本設計がもう少し進んで、大まかな仕様が設定された場合には、その仕様を見直すことにより大まかな VE が可能になります。

　VE を行うためには仕様の設定が重要で、その仕様の持つ機能を達成す

※　VE と CD については「6章4節　VE とコストダウンは紙一重」の項を参照。

る別の安価な仕様に置き換えることになります。

　したがって、仕様を設定した見積書が不可欠ですから、最低限「精概算見積り」が必要ということになります。

　細かい納まり部分は反映できませんが、ザックリと大まかな部分（屋根・外壁・内部床壁天井・住設機器・外構の舗装等）の VE となります。

③ 建具は計画モジュールを決めて　種類を多くしない

　見積り作業をしていて、積算時に時々直面するのが建具の種類（図1）の多さです。建具の製作に当たっては、種類が少なく同一建具枚数が多いほうが量産ができて、経済的と言えます。

　しかし、規模の小さな建物であっても、すぐ横に並んでいる建具の形状や寸法が違っていたり、種類が多い割には同一符号の建具枚数が1〜2ヶ所しかなく、結局のところ種類が多いために製作に手間取り、コストアップになることがたびたびあります（図1）。

　どうしてこんな現象が発生するのでしょうか？

　おそらく、経済設計を考えて各部屋の建具の大きさを、必要最小限に考え過ぎた結果なのでしょう。

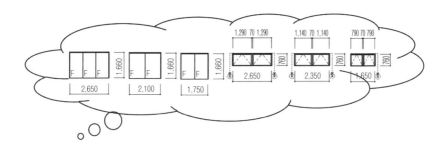

図1　建具の種類
建具の種類が多い場合は製作コストが増となります。

　しかし種類が多すぎると、製作時には煩雑となって経費 UP となり、取付け時にも選別 → 運搬 → 取付けと、作業が流れていく過程で手間がかかり、そのうえ取付け間違いまで発生する可能性も出てきます。

　建具のモジュールを決めて種類を少なくすることは、おもしろ味に欠けるかも知れませんが、シンプルなものになり、コストダウンが図れていると言えるのではないでしょうか。

④「らしからぬ」仕様の建物は高くつく

　どのような建物でも、建物用途に見合った仕様があるものです。

　たとえば工場、そこで作っている製品によって、外装・内装の仕上げ仕様は変わります。

　製鋼工場としての使われ方の建物である場合、外装が総タイル貼りは考えられないはずですし、一般の工場なのに総ガラス張りのカーテンウォールは考えられないはずです。

　分譲マンションなのに、外装が ALC ＋吹付けは常識的に考えられないことです。

　しかし昨今は仕上げの考え方の多様化が進み、木造トラスを使った倉庫や体育館・工場が出現したり、工場の製作過程を外部にわざと見せるために、ガラスカーテンウォールを採用した工場ができたりしています。

　一昔前に流行った「外壁コンクリート打放し仕上げ」も、そのような流行の「はしり」だったのでしょうか。

　当時は、「たかがコンクリートの打放しだから当然安くできるはず」と思い、甘く見て作業を進めていくと、どうもうまくできなくて見栄えの悪いものになってしまい、補修に多額の費用がかかってしまったり、撤去して打設のやり替えに追い込まれた苦い経験があります。

　やり替えに先立ち、熟練作業員による施工人員を増やし、綺麗なベニヤによるなめらかなコンクリート面を造るべく、型枠材料の転用回数を減ら

し、コンクリート打設が入念にできるよう、一日の打設量を減らし、施工
に臨んだ結果、ようやく「高くつく」という認識に辿り着いたものでした。

　工場が坪当たりいくら。事務所ビルが坪当たりいくら。一般的な単価の
概念がありますが、相応以上の仕様を見込んでいる場合には、高くつくと
いう認識を持つべきです。

⑤「この建物に求められる機能は何か」　から考える

　設計が進んでいき佳境に入っていくと、つい「筆が走る」といった現象
に陥ることがあると思います。ここまで！と思っていても、もう少し……
つい書き足してしまうことが出てきます。

　そうなってくると、予算内に収まっていた建設コストが少しずつはみ出
し、予算オーバーを招くことになってしまいます。

　スタート時点において、まずその建物の持つ特異性をよく認識し、「こ
の建物に求められるものは何か」をよく理解することが大切です。

　施主の求める必要条件は何か？　そこから導き出される回答がすべてで
す。

　たとえば工場。

　工場のコストとして大きな要素は、躯体工事と屋根・壁・土間と設備。

　立地の問題もありますが、内陸部で山に近い土地と海辺に近い海岸通り
の埋め立て地では、まず支持地盤の深さが変わってきます。

　杭の長さが全く変わってきます。長さが変わるということは、杭の種類
や工法までもが変わってきます。

　次に鉄骨工事です。建物の規模により鉄骨のサイズが変わってきます。
軒高の低い場合の柱はH型綱などでいいのですが、軒高が高い場合の柱
はコラムなどを採用することが多くなります。

　建築工事の仕上げスペックとしては、屋根・壁・土間が主なものです。

　各工場の製品を製作するうえで、建物にどのような性能があったらいいか、どのような要求事項が出るのかも、コストを左右する要因です。

- 屋根・壁の断熱を考慮したい。
- ほこりが出ないように。
- 採光が充分ほしい。
- 機械基礎が多いので強固な土間にしたい。
- 水を使う工程が多いので水処理をしっかりと。

　設備工事には、建物としての設備（建築設備）と工場が稼働するための設備（操業用設備）とがあり、操業用設備は通常「別途」なのですが、まれに操業用設備を見積りに含めるよう指示がある場合もあります。
　すべてを網羅することはできませんので、必要性の大きいものから順に考えていきましょう。

6章 実施設計段階の建築コスト

① 数量計算書の簡単チェック法

　普段、見積書を見ていて気になるのが、仕様はともかく数量が適正であるかどうかということです。

　コンクリート、型枠、鉄筋、鉄骨等の躯体の数量については、「施工面積」当たりの歩掛りに直すと、おおよその判断ができるのですが、それ以外の数量については短時間での判断が難しく、また判断基準も曖昧になってしまいます。

　経験値に基づいて行うことになると、なかなか難しいものがあります。

　一番簡単な方法は、前述しましたように複数社の見積りを徴取し、金額もさることながら各数量について比較することです（表1）。3社の見積りを比較すると、3社ともほぼ同数量になるかバラバラになったとしても、その内の2社がどちら寄りかを検証すれば、ほぼ判断ができます。

　1社が飛び抜けて多い数量なのか、また飛び抜けて少ない数量なのか。

　2社が多い水準で並んでいるのか、また少ない水準で並んでいるのか。

　この2社の動向で寄っている方の数字が、ほぼ正しいという判断をします。

　3社見積りがかなわなかった場合でも、簡単にチェックする方法もあり

表1　各社見積り比較※

○○株式会社　新店舗 新築工事

名称	単位	数量	A社 金額	B社 金額	C社 金額	A-B差額	C-B差額	備考
A 共通仮設工事	式	1-	27,315,000	14,200,000	25,720,000	13,115,000	11,520,000	
B 建築工事	式	1-	356,387,000	308,714,000	354,859,000	47,673,000	46,145,000	
1 直接仮設工事	式	1	(14,843,000)	(10,033,000)	(13,145,000)	(4,810,000)	(3,112,000)	
2 杭工事	式	1	(21,269,000)	(17,976,000)	(22,633,000)	(3,293,000)	(4,657,000)	
3 土工事	式	1	(14,669,000)	(13,319,000)	(15,151,000)	(1,350,000)	(1,832,000)	
4 型枠工事	式	1	(12,648,000)	(11,199,000)	(12,110,000)	(1,449,000)	(911,000)	
5 鉄筋工事	式	1	(17,319,000)	(15,798,000)	(16,875,000)	(1,521,000)	(1,077,000)	
6 コンクリート工事	式	1	(22,860,000)	(22,530,000)	(22,950,000)	(330,000)	(420,000)	
7 鉄骨工事	式	1	(94,848,000)	(85,689,000)	(93,994,000)	(9,159,000)	(8,305,000)	
8 組積工事	式	1	(17,370,000)	(15,182,000)	(17,836,000)	(2,188,000)	(2,654,000)	
9 防水工事	式	1	(9,390,000)	(14,029,000)	(10,100,000)	-(4,639,000)	-(3,929,000)	
10 石・タイル工事	式	1	(4,362,000)	(4,686,000)	(4,492,000)	-(324,000)	-(194,000)	
11 屋根工事	式	1	(3,276,000)	(3,756,000)	(3,538,000)	-(480,000)	-(218,000)	
12 外壁工事	式	1	(18,931,000)	(14,818,000)	(17,228,000)	(4,113,000)	(2,410,000)	
13 木工事	式	1	(1,199,000)	(1,943,000)	(1,540,000)	-(744,000)	-(403,000)	
14 金属工事	式	1	(34,009,000)	(17,642,000)	(33,755,000)	(16,367,000)	(16,113,000)	
15 左官工事	式	1	(4,362,000)	(2,586,000)	(4,572,000)	(1,776,000)	(1,986,000)	
16 木製建具工事	式	1	(692,000)	(945,000)	(850,000)	-(253,000)	-(95,000)	
17 金属建具工事	式	1	(25,327,000)	(20,703,000)	(25,598,000)	(4,624,000)	(4,895,000)	
18 硝子工事	式	1	(6,335,000)	(5,697,000)	(6,267,000)	(638,000)	(570,000)	
19 塗装工事	式	1	(4,032,000)	(4,180,000)	(4,192,000)	-(148,000)	(12,000)	
20 内装工事	式	1	(13,497,000)	(12,444,000)	(12,993,000)	(1,053,000)	(549,000)	
21 雑工事	式	1	(10,133,000)	(9,375,000)	(9,935,000)	(758,000)	(560,000)	
22 機械基礎工事	式	1	(4,632,000)	(3,908,000)	(4,715,000)	(724,000)	(807,000)	
22 撤去工事	式	1	(384,000)	(276,000)	(390,000)	(108,000)	(114,000)	
C 電気設備工事	式	1-	39,750,000	29,400,000	38,986,000	10,350,000	9,586,000	
D 給排水衛生設備工事	式	1-	46,895,000	24,700,000	44,796,000	22,195,000	20,096,000	
E 空調換気設備工事	式	1-	33,671,000	21,300,000	35,750,000	12,371,000	14,450,000	
F 昇降機設備工事	式	1-	15,440,000	14,500,000	15,427,000	940,000	927,000	
G 外構工事	式	1-	57,630,000	38,000,000	59,581,000	19,630,000	21,581,000	
H 解体工事費	式	1-	24,393,000	30,800,000	29,250,000	-6,407,000	-1,550,000	
直接工事費 計			601,481,000	481,614,000	604,369,000	119,867,000	122,755,000	
I 現場経費・諸経費	式	1-	54,254,000	48,400,000	52,525,000	5,854,000	4,125,000	
事前取込 VE			0	-4,043,000	0	4,043,000	4,043,000	
出精 値引			-42,735,000	-14,014,000	-16,894,000	-28,721,000	-2,880,000	
合　　計			613,000,000	516,000,000	640,000,000	97,000,000	124,000,000	

※　比較表を作って各社の金額を並べてみますと、バラつきや動向がわかります。

ます。

たとえば、見積書の主な工種の数量を面積（施工床面積）で割って、歩掛り風にしてチェックします。

- 掘削土量　総堀 ＝床付け面積×85 ～ 95％[※]
　　　　　　坪堀 ＝床付け面積×40 ～ 70％[※]
- 圧接数量　工場 ＝18 ～ 24 か所 /t[※]
- 鉄骨耐火被覆　＝30 ～ 40 m^2/t（普通サイズの鉄骨）[※]
- 屋上陸屋根防水 ＝建築面積（庇除く）×96 ～ 98％[※]
- 外壁仕上総面積 ＝（外壁総面積－建具面積）×95 ～ 98％[※]

等を使って簡易的にチェックできます。

② VE の肝は数量と単価のバランス

見積書の構成は、

　名称仕様に基づいた数量×単価

でできているため、VE の構成も同様のものとなります。

➤ 数量的な VE

したがって、もし部分的に VE を行おうとしても可能なわけで、VE を行おうとする部分の数量を使っての VE となります。

たとえば仕様の変更も、建物構成上重要な部分を残して他の周りの部分を VE することもできます。

数量が多ければ、安い単価でも VE のメリットが期待できます。

※　出典：(一社) 日本建設業連合会関西委員会『H24 建築屋さんのための積算チェックの着眼点』
　p.51 ～ 54 より

➤ 単価的な VE

　元々のコンセプトを守りながら、安価な仕様の材料を採用することで、一気に仕様をダウンさせることもできますし、段階的にダウンさせることも可能です。

　VE を行う場合、ある程度の減額を期待して行うわけですから、あまりにも数量の少ないものの VE は行いませんが、数量が少なくても単価の非常に高いものについては、VE の対象となります。

　したがって、数量的な VE、単価的な VE、またはその両方を駆使して減額効果を高めていきます。

　ここで気をつけなければならないのは、確認申請が出ているかどうかということです。確認申請がすでに出された後の VE は、建物の大規模な変更につながる可能性があり、確認申請の出し直しという事態を招きかねないので、注意が必要です。

③ 何が高くついているのか？

　VE を行う場合に闇雲に進めると、とりとめのないものとなってしまい、目標達成に至らない場合があります。ではどのように進めるのか？

　見積書をよく見てみましょう（表2）。

　工事科目別に並んだ大項目・中項目。

　ひときわ金額の高い項目が必ずあるはずです。

　何が高くついているのでしょうか？

　そこから明細項目の検証に入っていきます。

　前述のように、数量が多くて金額が高くなっているのでしょうか。また数量は少ないが高い仕様になっていて金額が高くなっているものなのでしょうか。

　何が高くついているのでしょうか。

　その仕様を置き換えるような安価な材料があるのでしょうか。

表2　VEの絞り込み

項　目			見積金（千円）	全体率 (%)※
共 通 仮 設 工 事			18,710	5.0% ※※
建築工事	躯体工事	直 接 仮 設　工 事	8,684	2.3%
		土　　　　　工 事	2,910	0.8%
		山 留 構 台　工 事	2,784	0.7%
		杭 地 業　工 事	13,967	3.7%
		Ｃ Ｏ Ｎ　工 事	7,620	2.0%
		型　　枠　　工 事	4,463	1.2%
		鉄　　筋　　工 事	7,152	1.9%
		鉄　　骨　　工 事	36,375	9.6%
		耐 火 被 覆　工 事	3,401	0.9%
		躯 体 工 事　計	87,356	23.2%
	仕上工事	組　　積　　工 事	11,500	3.1%
		防　　水　　工 事	5,240	1.4%
		タ イ ル　工 事	552	0.1%
		木　　　　　工 事	17,328	4.6%
		屋　　根　　工 事	659	0.2%
		金　　属　　工 事	15,659	4.2%
		左　　官　　工 事	3,772	1.0%
		木 製 建 具　工 事	5,562	1.5%
		金 属 製 建 具　工 事	17,305	4.6%
		ガ ラ ス　工 事	2,694	0.7%
		塗　　装　　工 事	323	0.1%
		内　　装　　工 事	21,158	5.6%
		雑　　　　　工 事	18,006	4.8%
		仕 上 工 事　計	119,758	31.8%
	建 築 工 事　　　計		207,114	54.9%
設備工事	電　気　設　備　工 事		31,544	8.4%
	給 排 水 衛 生 設 備　工 事		26,696	7.1%
	空　調　設　備　工 事		20,827	5.5%
	昇 降 機 設 備　工 事		6,278	1.7%
	設　備　計		85,345	22.6%
その他	外　　　構　　　工 事		23,536	6.2%
	造　　　成　　　工 事		17,995	4.8%
	そ　の　他　計		41,531	11.0%
直　接　工　事　費　　　計			352,700	93.6%
共通費	現　　場　　管　　理　　費		12,800	3.4%
	一　　般　　管　　理　　費		11,500	3.1%
	共　　通　　費　　計		24,300	6.4%
値　　引　　き				
合　　　　　　計			377,000	100%

※　工事費全体金額に対する、それぞれの項目の金額率
※※　◯印は金額の大きな工事。VEを絞り込むのはこの項目です（以下同）。

　高い仕様の材料を、建物の大半の部分に使用するようなことになっているのでしょうか。

　このように金額の大きいものから順に検証していくと、スムーズに VE を作り込むことができます。

④ VE とコストダウンは紙一重

　VE とよく似た手法にコストダウン（CD）があります。

　VE（バリューエンジニアリング）は、より少ないコストで、ある物の機能やサービスを達成する手法（機能を変えずにコストダウンを図るための変更）であるのに対して、CD（コストダウン）は機能面をあまり考慮せずコスト重視で変更を行い費用削減を図る手法で、似て非なるものと言えます。

　費用削減だけを追い求めていくと、VE のつもりでやっていていつも間にか CD をやっていることに気がつかないものです。

　よく検証してみると、VE のリストの中に CD が混じっていることがありますが、どちらもコストダウンをすることに違いはないわけですから、見分けがつかないのかも知れません。

　施主や設計者と打合せをして、不要な物はコストダウンを行い、その他の金額の大きなものは VE を行いコストダウンを図るということです。

　VE を行う場合に、もう1点気をつけなければいけないことは、ピックアップした項目が施主の要求事項に合うかかどうかということです。

　施主の要求事項の場合には、あまり積極的に VE を行うことは遠慮したほうがいいかも知れません。

　施主・設計者・施工者の3者協議の場で打診してみるといいでしょう。

⑤ 詰めは施主・設計者・施工者との3者協議で

　工事請負契約が締結され、工事がスタートすると3者協議の場「定例打合せ」が始まります。

　このメンバーは、施主・設計者（監理者）・施工者で構成され、スムーズな現場運営のために現場における最高意思決定の場として、諸問題が討議されます。

　工事が動き出すと、設計図書に表現できなかった内容、見積り時に読み取れなかった内容等が工事の進捗にともなって問題点となって次々と発生してきます。

　予想し得なかったような納まり上の問題、工程の進捗上の問題、資材調達の状況や問題点、物価の上昇にともなう工事費の増に関するような問題、このような諸問題を解決すべく定期的に会議が開催されるのです。

　工事の進み具合や、建物ができあがってくる様子を見て施主の要望が変化したり、追加要望が出たりします。追加変更工事については、早急に結論を出して工事の是非を決めなければ工程上間に合わなくなります。

　また、スタート時点から気を配っていかなければならないのが近隣問題です。話がこじれると、大きな問題となって工程にも影響しかねません。

　このようなことも併せて協議されます。

　現場監理は変化の連続です。まさに、工事は「生き物」と言えるのではないでしょうか。

⑥ 公共工事の予算書作成時の注意点

　工事の発注方式は、工事全体をゼネコン（総合建設会社）に一括して発注する「一括発注方式」と、建築工事・電気設備工事・機械設備工事・昇降機設備工事等に細分して、専門工事業者に発注する「分離発注方式」があります。

　近年では、ほとんどが「分離発注方式」を採用するといっても過言ではありません。

　建築工事としてのその**積算**を担当する場合、まず「公共建築工事見積標準書式」※にのっとり行います。

　公共工事の見積書の書き方などの、見本としての標準書式になっています。

　そして**内訳書**を作成する場合には、「公共建築工事内訳書標準書式」※にならい作成します。

　公共工事の見積内訳書の構成はこれにならい作成し、第4分類（細目別内訳書）まで作成します。

　単価については、「公共建築工事標準単価積算基準」※を参照しながら、材料の標準歩掛りや係数を使い求めていきます。

　材料費については、物価資料※※の掲載価格を用います（物価資料の発行年月〔〇年〇月号〕を記載します）。

　労務費については、「公共工事設計労務単価」※により算出します。

　それ以外の単価及び価格は専門工事業者の見積り価格によることになります（3社見積）。

※　標準書式については、国土交通省のホームページより、下記の pdf を参照してください。
　公共建築工事見積標準書式（建築工事編）（令和5年改定）：
　　https://www.mlit.go.jp/gobuild/content/001472214.pdf
　公共建築工事内訳書標準書式（建築工事編）（令和5年改定）：
　　https://www.mlit.go.jp/gobuild/content/001472210.pdf
　公共建築工事標準単価積算基準（令和5年改定）：
　　https://www.mlit.go.jp/gobuild/content/001472181.pdf
　令和5年3月から適用する公共工事設計労務単価表：
　　https://www.mlit.go.jp/report/press/content/001587029.pdf
※※　物価資料：（一社）建設物価調査会『月刊　物価資料』

7章 施工中・施工後の建築コスト

① 図面の不備が追加工事を招く

　これまで述べてきた通り、見積りを行う時の基本姿勢は、「設計図通りに、図面に忠実に行う」ことです。したがって、設計図に記載されていないものは積算できませんので、気がついた点は「質疑応答」で確認して進めていきます。

　ただ積算時において、一般的に「当たり前」と言われるような内容については、当然一連の積算作業のなかで積算していくことになります。

　たとえば、建具の積算時において、「建具周囲のモルタル詰め」「シール」等は、設計図に記載がなくても積算していきますが、額縁については必要なことはわかっていても、仕様寸法が明確でないことが多く、質疑で確認していくことになります（表1）。

　このように、必要なことがわかっている場合は、何らかのアクションが取れますが、設計図に記載がなく「何が必要なのか」もわからない場合は、「質疑応答」の対象にすらあがらないため、抜け落ちてしまいます。

　設計図に記載されていないものを「当然必要」と思い計上してしまった場合、競合入札案件ともなると、取り込んだためにコストが増えて「落選」ともなりかねません。

表 I　質疑応答書の例

質　疑　応　答　書

○○年　○月　○○日

(株)○○建築設計事務所
　　　　△△　□□　殿

工事名称　(仮称)○○新築工事

○　○　建　設　株　式　会　社
大阪市　○○○○○
電話 /(06)○○○-○○○○ FAX/(06)○○
担当者　○○　○○

番号	仕様書類	図面番号	質　疑　事　項	応　　　　答
1		A-21〜23	1〜R 階平面詳細図、及び矩計図において、EV シャフト内の柱型(主柱)にのみ「耐火被覆：吹付ロックウール t 25」の指示がありますが、詳細が不明です。具体的な「耐火被覆」の範囲をご指示ください。	EV シャフト内、柱型(間柱含む)にのみ必要としました。
2		A-11	外・内部仕上表において、1階 WC の壁仕上として「ビニールクロス貼」と「化粧ケイカル板 t 6.0」の2種類の指示がありますが、「化粧ケイカル板」はライニングの腰壁部分のみと判断してよろしいでしょうか。ご指示ください。	左記の通りとしました。
3			「ハト小屋」の仕上について、部分詳細図 (2) に図示がありますが、床：コンクリート直押え、壁・天井：素地のままと判断し、防水等は不要と考えてよろしいでしょうか。ご指示ください。	左記の通りとしました。
4			1階土間部分の床に「カッター目地切(V カット)@3000」程度を見込むものと考えてよろしいでしょうか。ご指示ください。	左記の通りとしました。

よくある項目として、

- 鉄筋コンクリート造の屋根面勾配型枠

勾配の角度によって、屋根スラブ上部蓋型枠を行うのですが、部分的または全面によって、コストに差が出てきます。施工者サイドの問題とも言い切れず、仕様の明記が必要です。

- 階高が高い場合の型枠支保工の考え方

パイプサポート、パイプサポート＋補助サポート、パイプサポート＋枠組ステージ等。施工者サイドの問題とも言い切れず、工法提案 →監理者の確認・承認が必要です。

- コンクリート打継部の処理

コンクリートの一日の打設数量は、大型車で約 300 m³ 程度、小型車で約 150 m³ 程度が目安となっており、これに従って打継分割をする範囲が決まってきます。

ラス型枠や、コン止めスペーサーや、エアフェンス等については施工

者サイド提案 → 監理者確認・承認が必要です。

● **外壁 ALC パネル（押出成形セメント板）の下地鉄骨**

下地鉄骨は構造体ではないため構造図に記載がない場合が多く、その
まま積算してしまうと下地鉄骨がすべて抜け落ちてしまう可能性があ
ります。

また開口部の補強方法も明示がない場合が多く、設計者の意図する方
法とはならない可能性があります。

● **ALC パネル（押出成形セメント板）のコーナー部の納まり**

コーナー部の納まりは、コーナーパネルで納める場合と、平パネルの
突き合わせで納める場合とがありますが、双方の比較では単価的に差
が大きく、コストにかなりの影響が出ます（図1）。

仕様の明記が必要です。

● **石やタイルの役物**

役物の明示がない場合があり、使用する役物によって大きくコストが
動く可能性があります。

● **外壁タイル貼り下地**

外壁のタイル貼りは、そのまま貼ってしまうと剥離の確率が非常に高
いものになってしまいます。

タイルの剥離は主に、コンクリート面と下地モルタルの間で発生する
ことが確認されています。設計図書には、下地処理及び貼付け工法に
ついての指示が曖昧なことがあり、下地処理は施工者サイドの提案
→ 監理者承認によるところもあって、ばらつきが発生することがあ
ります。

【施工例】超高圧洗浄による下地処理

　コンクリートの表面に高圧水（150 Mpa = 1,500 kgf/cm）を当てる
ことにより、コンクリートの表面を目荒しします（図2）。

　高圧洗浄水により平滑なコンクリート表面に凹凸ができるため、コ
ンクリートとタイル下地モルタルの接着が図れる工法です。

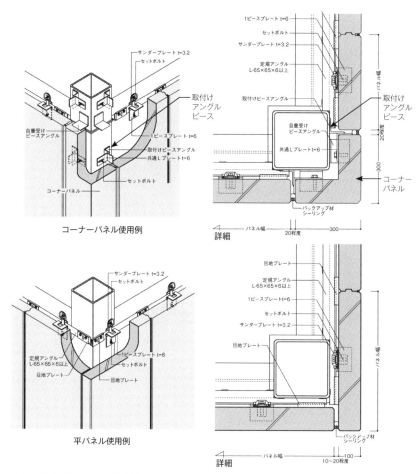

図1　ALC 版コーナー納まり（出典：クリオン（株）『Technical Handbook』より）

　超高圧洗浄によるコンクリート表面の目荒し＋下塗樹脂モルタルの
組合せで、一般打放費用に比べ大幅なコスト増となりますが、リスク
の先行手当費用として、見積りに見込みます。

　しっかりとしたタイル下地が完成したあと、弾性接着剤を用いた貼
付け工法でタイル貼りを実施します。

図2　外壁タイル下地（写真提供：（株）大輝）
外壁タイル下地コンクリート面を超高圧洗浄にて目荒しします。

- **天井ふところ内軽量鉄骨天井下地の補強**

  天井ふところとは、天井と上階のスラブ下までの空間を指します。この高さが一定の寸法を超えた場合に、下地の補強が必要になります。また、ふところの高さの違いによって補強方法も変わり、それによって単価も変動することになります（表2）。

  この内容は設計図書に記載がない場合が多く、後日の増減対象となってしまうことがあります。

  天井ふところがH＝3mを超える場合や、耐震性を考慮する必要がある場合にも、明示されていないことがあります（図3）※。

  天井下地の補強にともない、部屋の周囲壁面との納まりにも注意が必要です（図4）。

- **天井ふところ内や2重床内の区画間仕切り**

  天井ふところ内や2重床内の遮音対策や防火区画設置のために、間仕切りが必要となります。

  これらの間仕切りは図面に記載がない場合がありますが、遮音性が要

※　天井ふところ下地補強については、（一社）日本建設業連合会 関西委員会『H24 建築屋さんのための積算チェックの着眼点』p.41 を参照。

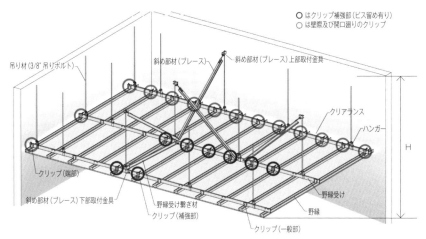

○ はクリップ補強部（ビス留め有り）
○ は壁際及び開口廻りのクリップ

吊り材（3/8"吊りボルト）
斜め部材（ブレース）
斜め部材（ブレース）上部取付金具
クリアランス
ハンガー
H
クリップ（端部）
斜め部材（ブレース）下部取付金具
野縁受け繋ぎ材
クリップ（補強部）
クリップ（一般部）
野縁受け
野縁

図3　天井下地耐震補強 （出典：(株) 桐井製作所『耐震 Power 天井』）
地震時に、天井ふところの高い天井は振り子のように揺れ、崩落の危険があります。その対策として耐震補強が必要です。
天井下地の耐震補強については、天井ふところの寸法により耐震補強の方法が変わりますが、全ての段階で何らかの補強が必要になります（表2）。
特にH＞3ｍの時には下地補強方法が格段に変わるため「要注意」となります。

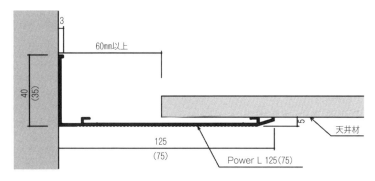

3
60mm以上
40
(35)
125
(75)
5
天井材
Power L 125(75)

図4　天井周囲の納まり （出典：(株) 桐井製作所『耐震 Power 天井』）
天井が揺れ始めると、天井材と壁面の間で衝突が発生し、崩壊の危険があるため、天井材と壁面の間はクリアランスを設けます。そのクリアランスをカバーするための広巾の天井廻縁を設置します。

　求される部屋（会議室、応接室、機械室、電気室、WC、浴室、主寝室等）では天井ふところ・2重床内に間仕切りが必要です。

　耐火間仕切りは、建築基準法により必要な場所に設置するもので、精算図面ではほとんどが記載されていますが、天井ふところ内や2重床

表2　天井下地耐震補強と指数

天井下地耐震補強

	下地のピッチと指数
天井捨張 20kg/m²以上	100※ @364
天井直張 10kg/m²以下	107 @303
直 化粧張 10kg/m²以下	119 @227

		H 500未満 (mm)	H500以上～1,500未満 (mm)	H1,500以上～2,500未満 (mm)
天井面積 50m²以下		耐震ブレース省略可 一般ハンガー・一般クリップ	耐震ブレース省略可 一般ハンガー・一般クリップ	耐震ブレース省略可 一般ハンガー・一般クリップ 水平振止設置 C-38×12×1.2 @1,800 X·Yとも
		0	0	56
天井面積 50～500 m²未満	天井捨張 20kg/m²以上	耐震ブレース省略可 全数耐震ハンガー 吊ボルト直下耐震クリップ	耐震ブレース C-40×20×2.3 全数耐震ハンガー 吊ボルト直下耐震クリップ	耐震ブレース C-60×30×2.3 全数耐震ハンガー 吊ボルト直下耐震クリップ 水平振止設置 C-38×12×1.2 @1,800 X·Yとも
		62.9	118	200
	天井直張 10kg/m²以下	耐震ブレース省略可 全数耐震ハンガー 吊ボルト直下耐震クリップ	耐震ブレース C-40×20×2.3 全数耐震ハンガー 吊ボルト直下耐震クリップ	耐震ブレース C-60×30×2.3 全数耐震ハンガー 吊ボルト直下耐震クリップ 水平振止設置 C-38×12×1.2 @1,800 X·Yとも
		66.6	107	185
	直 化粧張 10kg/m²以下	同上	同上	同上
		81.5	107	185
天井面積 500m² 以上	天井捨張 20kg/m²以上	耐震ブレース省略可 全数耐震ハンガー 吊ボルト直下耐震クリップ 天井周囲クリアランス必要 （廻縁アルミシーリングアングル等）	耐震ブレース C-40×20×2.3 全数耐震ハンガー 吊ボルト直下耐震クリップ 天井周囲クリアランス必要 （廻縁アルミシーリングアングル等）	耐震ブレース C-60×30×2.3 全数耐震ハンガー 吊ボルト直下耐震クリップ 天井周囲クリアランス必要 （廻縁アルミシーリングアングル等） 水平振止設置 C-38×12×1.2 @1,800 X·Yとも
		62.9	181	263
	天井直張 10kg/m²以下	耐震ブレース省略可 全数耐震ハンガー 吊ボルト直下耐震クリップ 天井周囲クリアランス必要 （廻縁アルミシーリングアングル等）	耐震ブレース C-40×20×2.3 全数耐震ハンガー 吊ボルト直下耐震クリップ 天井周囲クリアランス必要 （廻縁アルミシーリングアングル等）	耐震ブレース C-60×30×2.3 全数耐震ハンガー 吊ボルト直下耐震クリップ 天井周囲クリアランス必要 （廻縁アルミシーリングアングル等） 水平振止設置 C-38×12×1.2 @1,800 X·Yとも
		66.6	174	252
	直 化粧張 10kg/m²以下	同上	同上	同上
		81.5	189	267

※　表内アミがけが指数。※印を100とした場合の数値。

内の記載も必要です。

概算見積時の図面などでは、図示がない場合もあります。見積要綱書で補足するか、追加図を発行しましょう。

● シャッター上部、可動間仕切りの上下部、パーティションの
上下部納まり

防火区画部分に防火シャッターがある場合、その上部（天井ふところ）には防火区画壁が必要ですが、図面に記載されていない場合が多く、法的な問題発生を防ぐためにも、図示またはコメントを入れるようにしましょう。

遮音が必要な部屋の間仕切りがスライディングウォールやパーティションの場合には、その天井ふところ部及び2重床内からの音漏れを防ぐために、遮音間仕切りが必要ですが記載がない場合が多く、竣工引渡し後の、音漏れのクレームを防ぐためにも、完全な遮音壁にしたいですね。

また、シャッターボックスやスライディングウォールのレール、パーティション等の取付け用の下地鉄骨は記載がない場合が多く、取付けの段階になって気がつく場合もあり、監理者ともめる要因でもあります。図示の一つでもあれば解決できます。

● カーテンウォール裏面の耐火ボード

カーテンウォール裏面の耐火ボードは、火災時の延焼防止及びカーテンウォールガラス部の裏打ち材として、外観の意匠性向上という役割があります。精算見積時の図面には詳細が記載されていることが多いのですが、概算見積時の図面には記載がほとんどないため、コメント等の記載があれば、設計者の思いが伝わるはずです。

また、ファスナー方立部の耐火被覆も同様で、図面発行時には関係者によるレビューが必要です。

● カーテン・ブラインドの寸法

カーテンの寸法は図面に記載がない場合がほとんどで、必要場所の開

表3 カーテンのヒダと布倍率

ひだの種類	カーテン用布地の取付巾に対する倍率
フランスひだ	2.5倍以上
3つひだ	2.5倍以上
箱ひだ	2.0倍以上
つまひだ	2.0倍以上
2つひだ	2.0倍以上
プレーンひだ	1.5倍以上
片ひだ	1.5倍以上

（出典：（一社）日本建設行連合会 関西委員会『H24建築屋さんのための積算チェックの着眼点』p.41〜45より）
カーテン・ブラインドとも見積りに含まれることが多いです。

口部の寸法に一定の長さ（高さ）を加えて算出することになります。カーテンの幅は「ひだ」で決まりますが、ひだの種類の明示がないことが多く、設計者の思いとは違ったものになってしまう可能性もあります。（表3）。

設計図書の特記仕様欄には時々、「設計図に記載のないものでも、建物を完成させるために必要なものはすべて含むものとする」というような文章を見かけますが、具体性がなく内容・詳細が不明のため、見積りに折込むことが100％できません。

設計図の不備な点を文章でカバーしようとするのでしょうが、単に施工者に負担を強いるのみとなってしまいますので、極力具体的に内容を記載するようにしましょう。

現場に追加変更は付きものですから、それをなくすることは不可能で、減らすことに努力をすることは当然ですが、追加変更が多いということは、当然減額もあるわけですから、工事中においてはバランスよく処理する方向のほうが、スムーズな監理ができると思われます。

② 単価の急騰は3者協議で

　世間の物品の価格（単価）は、思いもよらない時に急騰したり急落したり変動することは、誰もが肌で感じていることと思います。

　単価の急騰の要因としては、「人為的なもの」「自然発生的なもの」が考えられます。

　古くは、1973年（昭和48年）に発生した「オイルショック（第1次）」、中東戦争をきっかけに、産油国が石油の供給制限と輸出価格の大幅引き上げを行ったため、石油価格が高騰したうえに石油そのものが不足して出回らなくなり、世界中が大混乱した記憶が蘇ってきます。

　1995年（平成7年）に発生した阪神淡路大震災や2011年（平成23年）に発生した東日本大震災の時には、物や人手が全国的に不足し、物品の高騰や人件費の高騰を招くことになりました。

　そして今、2019年から流行が始まった新型コロナウイルスの影響が、3年経ってようやく下火になる気配も感じられるようになりましたが、その間、工場の生産が止まり、物流が停滞し、ジワジワと物品の価格が高騰を始めました。

　また、2022年2月に始まった、海外の某国の侵攻による紛争においても、世界的な資材の流通停滞を引き起こしました。

　オイルショックや某国の侵攻は「人為的なもの」であり、地震やコロナは「自然発生的なもの」に相当すると思われます。

　前者は原材料は不足しておらず、単にコストアップを狙ったものであったり、紛争による流通の停滞であり、後者は原材料が不足したための高騰であると言えます。

　最近に起こっている物価の変動は、物価の高騰だけにとどまらず生産が止まって物が不足しているため、金額的にも工程的にも影響が出ています。

　このような事態においては、コストもさることながら工事工程がままならない状況に陥る可能性もあり、それぞれが単独では解決できませんので、

施主・設計者（監理者）・施工者による３者協議を重ね、解決策を模索することが必要です。

③ VE の「隠し玉」を持っておけば 追加対応も安心

「隠し玉」とは何やら穏やかでないような印象を受けますが、単に「予算的に」という意味であり、決して後ろ暗いものではありません。

　工事費が予算内に収まっていない時に、工事費を詰めるために VE やCD を行いますが、ほぼ予算内に落ち着く目途がついた場合でも、そこでVE・CD の手を止めることなく、出てきた VE・CD の内容をまとめ、予算内に落ち着いて以降の VE 金額をプールしておきましょう。

　もちろん３者協議の場で行うわけで、内容はオープンです。

　工事の進捗に伴って、次々と追加変更工事が発生しますが、この時の対応用の予備費的なものとして活用していきます。

　予備費的な予算があると、追加変更工事の決裁がスムーズに進み、工事工程の進捗を停滞させることなく運営できるのです。

　予備費を持っていると、決断が早くできて、追加変更工事決裁の早期解決が図れます。

第 **II** 部

工事種別・見積書
チェックの極意

8章 共通仮設工事

　仮設工事は、設計監理者にとって理解しがたい内容かも知れませんが、金額的に大きく、各社の見積り内容によってバラツキも大きく、ある程度の理解をもって内容を見ていかないと、どれが正しいのかがわからずに、施工者比較を行う場合においては、金額だけの比較になってしまいます。

　場合によっては、その内容まで踏みこんで査定を行うこともあります。

① 既存の敷地の状況でコストは大きく変わる

　共通仮設工事の内訳として、

　　①準備費
　　②仮設工作物費
　　③仮設建物費
　　④機械器具費
　　⑤仮設電気設備費
　　⑥仮設給排水設備費
　　⑦雑設備費
　　⑧安全管理費

⑨警備費

⑩試験調査費

⑪備品消耗品費

⑫隣家補修費

⑬運搬費

等がありますが、とりわけ①準備費、②仮設工作物費、⑦雑設備費、⑫隣家補修費は、既存の敷地の形状や立地状況に大きく左右されます。

①**準備費**の細目として、敷地測量費、工事用道路費、道路占有料、道路使用料、道路復旧費、公共施設物撤去復旧費、電線防護費、電波障害調査費、借地料等があげられます。

この準備費のすべての項目が既存敷地の状況に影響を受け、敷地の形状や高低差、広さ等によって計画が変わってきます。

敷地が広大な場合は敷地測量費が大きくなります。また、敷地内に工事用道路の設置が必要になってきます。

逆に敷地が狭い場合はコンクリート打設時等において、ポンプ車や生コン車が敷地内に入れないことがあり、道路を使用して作業に当たるようなケースがありますが、道路使用許可の申請とともに道路使用料が必要になってきます。

新築建物が道路際に建つ場合がありますが、外部足場を公道や歩道に設置せざるを得ない状況では、道路占有の許可申請と道路占有料が必要になってきます。

敷地内に工事用事務所や詰所、資材置場、作業員の駐車場などのスペースが確保できないような敷地の状況ですと、外部に用地を確保しなければなりません。借地料や駐車料金の計上が必要になってきます。

また、周囲に住宅密集地があるような立地の場合、案件の建築物の高さにより、電波障害が発生する可能性があり、対策が必要になってきます。

対策費そのものは「別途」扱いとなり、施主との協議によりますが、「電波障害が発生するかどうか」の調査はやっておくべきで、「机上検討」で判断するか「測定車を走らせて実地調査」にするかは、その時の判断によります。工事費に「調査費」として計上します。

しかし、すでに対策が行われている地域もあるため、現場調査の際には確認しておく事項の一つです。

②**仮設工作物費**の細目として、仮囲い、入口ゲート、看板類等があげられます。

仮囲いは既存敷地の状況に影響を受けることが非常に多く、敷地の広さや近隣の状況や地域性によって、大きく計画が変わります。

⑦**雑設備**の細目として、敷地周囲の仮設排水溝、足洗い場、洗車場、歩道切下げ、等があげられます。

外構工事が始まるまでは、敷地内の水処理を確実に行っておかなければなりません。

雨水であっても地域によっては、敷地内の水を外部にタレ流しをしたら問題になる場合があります。

搬出の車両が、タイヤに泥を付けたまま公道に出ると問題になります。洗車場等が必要になります。

車道から歩道を横切って敷地内に車両が入る場合には、歩道切り下げをして整備をします。

仮設の場合もあり、また本設の位置に設置して兼用にする場合もありますが、既存敷地がどうなっているかによって変わってきます。

⑫**隣家補修費**の細目として、隣家調査費、隣家補修費があげられます。

振動・騒音は建設工事にとって避けられない障害とはいえ、極力少なくする努力をしなければなりません。

敷地が広い場合は被害が少なく抑えられる傾向ですが、敷地が狭く近接した近隣の場合は、慎重に調査を行い工法も細心の注意をはらうべきです。既存敷地の状況、近隣の状況等によって共通仮設の内容が大きく変わってきます。

② 仮設工事と外構工事にかかる費用

外構工事が始まるのは、決まって工事の終盤です。建物の外装廻りの仕上げがほぼ終わり、建物周囲の足場の解体が終わり、内部仕上げも峠を越えた頃に、外構工事の本格スタートです。

建物際から道路の取合いまで、また隣地境界までの工事が始まると、まず仮囲いの撤去が行われます。今まで仮囲いを巡らせていて見えなかった現場の敷地内部が世間の目にさらされることになります。

仮囲いが撤去されてしまうと、第三者の侵入を許してしまうことになりかねません。

安全上、すべてオープンにはできませんので、危害防止・注意喚起の観点からも、簡易な仮囲い（フェンスバリケード等）を設置しますが、これは外構工事としての「専用仮設」ではなく、全体としての「共通仮設」として計上します。見積りの査定時には、重複していないかのチェックをします。

また、外構工事施工中も建物内部への出入りがありますので、仮設道路（工事用道路）の確保が重要になってきます。外構工事の進捗にともなって仮設道路の位置が頻繁に変わっていきますが、仮設道路も共通仮設として扱います。

アスファルト舗装が完了し、場内道路や駐車場が完成したとしても、車両の進入は控えなければなりません。仕上がったばかりの舗装を汚したり、傷付けたりするからです。どうしても入れなければならない車両もあるわけで、その場合には、路面の養生を行ってからようやく入れることになり

ます。養生費が必要です。養生費や仮囲い費用は、竣工までついて回ります。外構工事だから……と安心していると、思わぬところで思わぬ手直し費用がかかることがあります。設計者においても、工事を管理する立場から目が離せません。

隣地境界線も同じことで、フェンスや擁壁が完成するまでは、フェンスバリケードを撤去することができません。

工事中に傷めた官民境界の縁石や側溝等は、外構工事に合わせて取替えや補修を行いますが、道路際の作業でもあり誘導員の配置が欠かせません。

③ 地域性を考えた仮設計画が コスト削減につながる

建築工事のさまざまな場面において仮設工事が展開されますが、その内容は立地条件により大きな違いがあります。

➤ 共通仮設＝準備工事

工事開始時にまず第1に、仮囲いの設置からスタートです。これは、工事区域（敷地）の明確化と危害防止の観点から設置するわけです。市街地や住宅地域においては、通常万能塀と呼ばれる鋼製の仮囲い（H = 3.0 m）を設置します。

最近では、仮囲いのコーナー部や中間部の随所に透明なポリカーボネートを使ったクリアフェンスをはめ込む傾向がありますが、歩行者の危険防止を考慮しつつ、また現場の中が見えるため近隣に対し安心感を与える効果があると言われています。

郊外においてはこのような仮囲いは不要と考えられ、道路際のみの設置とし、他の部分はフェンスバリケード設置とする場合もあります。

➤ 共通仮設＝仮設建物費

仮設便所設置においても、郊外においては下水が完備しているかどうかを調べ、配管式とするのか、汲み取り式とするのかを決めます。

▶ 共通仮設＝仮設電気設備費・仮設給排水費

　仮設電気設備や仮設給排水設備において、郊外では工事に使用するだけの容量が足りない場合があり、また極端な場合、電気の架線や水道の本管が敷地の近くまで整備されていないこともあります。

　このような場合、いかに仮設電気や仮設水道といえども、仮設工事で延々と電気や水道自体を、引いてくるわけにもいきません。膨大な工事費が発生してしまいますので、電力会社や水道事業者との折衝によりますが、本工事の電気や水道の幹線工事を先行し対応することも一案です。

▶ 共通仮設＝警備費

　ガードマンの配置にも地域性で大きく差が生じます。

　市街地や住宅地域においてはガードマンの常駐配置は必須ですが、郊外では常駐のかたちをとらず、大量資材の搬出入時にのみ配置することもあります（近隣協定によります）。

▶ 共通仮設＝隣家補修費

　隣家補修費は、市街地や住宅地域においては必ず事前調査を行い、時には補修費が必要となりますが、郊外においては隣家がない場合もあり、必ずしも必要ではないと思われます。

　しかし郊外においては別の「補償費」（作物の日陰補償等）が必要になる場合がありますが、これは施工者責任とは別の次元の内容であり、通常工事費とは「別途」扱いとなります。

▶ 直接仮設＝安全設備

　市街地や住宅地域において隣家が近い場合、外部足場の外周に防音パネルまたは防音シート張りを行いますが、郊外において隣家が近接していない場合は、外部足場の外周に養生用の網目シート（メッシュシート）を張ることが多く見受けられます。

　このように、市街地や郊外等の立地条件を充分理解し仮設計画を立てることが、コストの削減につながる計画と言えます。

④ 仮設事務所は借地ではなく現場に建てる

「仮設事務所は現場の入り口付近に置け」というのが、従来からのセオリーとしてよく言われたものでしたが、古くは市街地にあっても歩道上部にオーバーブリッジを組んでその上部に仮設事務所を立てたことがありました。

敷地に余裕がある現場では、敷地内に仮設事務所を立てます。

以前は、仮設事務所といえば決まってパネルハウスの建物でしたが、近年は仮設事務所のバリエーションが多様化し、従来のパネルハウスを使用したり、トレーラーハウスを使用したり、半完成品のユニットハウスを使用したり、コンテナハウスにしたり。

とりわけ、ユニットハウスは連棟にしたり、積み重ねて2階建てにしたり、つなぎ合わせるだけで即使用できるので、利用率が高いと思われます。

敷地に余裕のない場合には、現場の近くに借地を行い、仮設事務所やその他の施設を建てますが、場内に事務所が置けない場合には、現地詰所のみを設置します。

また、近くに借地もないような市街地等においては、賃貸マンションやテナントビル等を探し入居することを考えます。

借地やテナントビルはコストを押し上げる要因ともなりますので、無駄な広さを求めることは禁物です。

仮設事務所の他に、作業員詰所、倉庫、下小屋、雑品庫、加工場、危険物庫、左官小屋、喫煙所・休憩所、便所等を設置します。

⑤ 増築工事や改修工事の仮設費用を抑える方法

新築工事は現場内に第三者（施主側の人員）が存在している可能性がほとんどないため、工事関係者側の仮設計画だけで進めていけます。

増築工事では工事エリアの区画がしっかりできる場合は、新築工事と同

じ要領でやっていけますが、区画がしっかりできない場合や、区画している場合でも工事の進捗により、区画が撤去されて既存建物と一体となったときの仮設計画は、施主側人員の動線や工事関係者の動線、資材の動線を考慮した計画にならざるを得ません。

改修工事では、最初から「居ながら工事」というのがわかっていますので、細かく打合せを重ねて、時間軸に対する施主側や工事関係者のお互いの動線を把握したうえで、仮設計画を立てる必要があります。

改修工事では、施主側と施工者側の動線の連携が、工程を左右するといっても過言ではありません。この関係が崩れると、予定外の養生費が発生したり、予定外の資材が必要になったり、思わぬ出費が発生します。

改修工事は細かい作業の積み上げになりますので、一つ一つの作業をイメージしながら、施主側の動きを中心として各シーンにおける仮設工事の計画を立てます。

柱・梁の耐震補強工事の場合、施主の一時移転に始まり、既存の機器類や住設家具類の撤去移設が行われます。

内装材を撤去する前に電気・水等のインフラの切り替え、施工エリアの養生、撤去用の足場の設置を行い、柱・梁廻りの壁や天井ボード、下地の撤去を始めていきます。

撤去用足場はそのままに鉄骨工事用に組み替え、鉄骨の補強材を取り付け、溶接作業を伴う場合は消火設備（極力火なし工法の採用）の設置、塗装、内装用下地設置、足場の盛替え、内装ボード類施工・仕上げ、足場の撤去……と流れていきます。

一つの工程が進むごとに仮設工事が付いて回ります。仮設工事も作業工程の内の一つなのです。

設計者も作業の進捗にともなうそれぞれの工程を理解し、必要な仮設・機材の折込みを確認しておくことで、不要な追加工事をセーブすることができます。

⑥ 重機を使って労務費を減らすか、機械費を減らして人力に頼るか

　建設工事で使用される建設用機器・重機は、労務費を減らすためであったり、大きく重い資材や製品を楽に揚重するためであったり、早く・正確に作業を進めるためであったり、その使用目的はいろいろありますが、工程の進捗に伴い各工事に必要なさまざまな機器類が使われています。

　工事が始まってすぐに必要なものは測量用の機器類です。そして躯体工事が始まると、大型重機が各種登場します。

　掘削工事が終わって躯体工事（コンクリート工事・型枠工事・鉄筋工事・鉄骨工事）が始まりますと、クレーンを中心とした揚重用機械類が主体となります。資材の荷揚げ作業はもちろんのこと、間配りや組立作業にも重機が使用されます。

　躯体工事は、どうしても大きな重い材料の揚重になりますので、クレーン類に頼らざるを得ません。

　仕上げ資材の荷揚げには高速リフトや人荷用エレベーター等が使用され、荷揚げ作業を円滑に行えるようにします。これらの作業をすべて人力で行うとしたら、労務費が大きく膨れ上がることになりますし、また重量の関係で人力では不可能な場面が多く見受けられます。

　また設計者として重機の使用について理解していないと、平面上、奥のほうに重量機器を設置する機械室等を配置したり、重機が届かない位置に大きな部材を配置したりと、通常の汎用重機では作業ができなくなって大型重機使用によるコストUPの事態を招いてしまいます。

　建設用重機の計画でよく言われてきたことは、「機械を使って作業員を減らすか？ 機械を節約して人力に頼るか？」ということです。

　建設就労者数が最盛期（1997年）より約30％近くも減っている今※、

※　国交省統計による

建設機械の使い方について、しっかりとした計画を立てるべきではないでしょうか。

　近い将来に向け、労働者不足を補うために AI 搭載の機械（建設ロボット）の使用開始を目指して運用中の企業が増えてきました。

　GPS と図面データを読み込んだ機械が現場内を走り回ります。

①**タワークレーン**　　：吊り上げ開始位置と荷卸し位置をインプットすれば自動で資材の楊重を行う（まだ玉掛けは人力のようです）

②**自動搬送ロボット**：パレットに乗せた資材を、積込場所と荷卸し場所をインプットしておけば自動で搬送してくれる（図1）。

③**自動楊重リフト**　：何階から何階までをインプットしておけば荷物が乗ると自動で楊重します。搬送ロボットとの連携も可能。

図1　自動搬送ロボット及び自動搬送リフト（写真提供：清水建設（株））
パレットに乗せておけば、作業員がいなくても、指定場所まで搬送します（夜間でも稼働できます）。

図2　多能工ロボット（写真提供：清水建設（株））
図面データに従い、2本のアームでOAフロアや天井の下地及びボード張り作業を行います。

④**自動溶接ロボット**：S造柱のジョイント溶接を自動で行います。
⑤**多能工ロボット**　：OAフロアや天井下地・天井ボード張りを自動
　　　　　　　　　　　で行います（図2）。
⑥**お掃除ロボット**　：「掃除する範囲」をインプットしておけば、自動
　　　　　　　　　　　で掃除をします。

⑦ 仮設電気・仮設給排水では「工事費」をチェック

　仮設電気設備・仮設給排水設備は重機使用計画と同様に、現場において
は重要な仮設工事の一つです。
　まず仮設電気設備ですが、電気の受電において小規模の場合は「低圧受
電」とする場合が多く、溶接等の動力電源が必要な時は発電機を補助的に
使用したりします。
　大規模の現場の場合は「高圧受電」とする場合が多く、仮設用キュービ
クル設備が必要となります。
　仮設電気の使用計画を立て、どのぐらいの容量を必要とするかを計算し、
低圧受電か？ 高圧受電か？ を判断します。
　施主側から工事用の電力が支給される（有償支給が多い）場合がありま

すが、支給場所からの場内配管・配線工事は施工側の負担になりますので、仮設電気配線計画や仮設照明計画を立てて、躯体工事と並行して工事が行われます。

　内容を査定する際には、「電力支給」となっているのに「受電工事」を見込んでいないかを見ます。

　長期間使用する機器等には、動力用電気配線を行いますが、鉄骨造で現場溶接作業等に使用する動力電気設備の場合は一時的なこともあるので、発電機を使うこともあります。

　仮設照明設備は、地下室や無窓室、共用廊下棟については各室に仮設電灯照明を設置しますが、地上階の居室については、移動照明設備が設置できるようにコンセント等を配置し、各室に電灯照明を必ず設置するとは限りません。

　以前は原材料を搬入し、現場内で加工・組立を行っていたため、各所に動力・電灯の電源が必要でしたが、最近はほとんど工場でプレカットしたり半製品状態の製品を搬入し、現場内作業としては「組立・取り付けのみ」といった工法に変わってきていますので、以前のように仮設電気設備に費用をかけない傾向ですから、仮設電気の「工事費」についても、チェックしてみる価値があります。

　照明設備は安全上・品質確保上欠かせない設備ですから、必要箇所に適正に設置する計画になります。

　次に仮設給排水設備ですが、場内・外のホコリ防止用の散水はもちろんのこと、仮設事務所や作業員詰所への給排水設備や、手洗い足洗い、搬出車両の洗車用等に使われます。仮設電気同様に、施主側から支給される（有償支給が多い）場合がありますが、配管工事は施工側の負担になります。

　掘削深度が深く、地下水位が高い場合は水位を下げるために排水工事を行い地下水を汲み上げますが、そのまま下水や川に放流することはできません。いったん沈殿槽を通してからの放流となるため、その設備費用が必要となります。

　海沿いの敷地や川沿いの敷地、いわゆるウォーターフロントと呼ばれる地域においては、工事現場の敷地内の表面水（雨水も含む）ですら、そのまま海や川に流すことはできません。しっかりした排水計画を立てて、排水設備を整える必要があり、費用がかかってきます。設計監理者としても、「直接放流していないか」「排水設備は整った計画か」を確認する必要があります。

　また敷地の履歴によっては土壌汚染の可能性があり、いかに雨水といえども沈殿槽を通しただけでは、そのまま放流できない水質の場合があるので、土質の調査が必要になることもあり、企画段階の設計チェックポイントとして重要です。

　現場内の水は直接放流できないということ、水質に注意することを念頭に置いておきましょう。

⑧ 過剰な仮設計画になっていないか

　仮設計画は考えれば考えるほど、あれも要るこれも要るというようなことになり、大幅にふくれ上がってしまうのが実情です。確かに安全面や利便性を考えれば、あれもこれも必要なのでしょうが、重複しない程度の必要最小限で納めなくてはいけません。

　とはいえ、必要なものは絶対に必要なのですから、そのあたりを履き違えないようにしなくてはなりません。仮設計画には、「労働安全衛生法」がついて回りますから、　法的な設備の基準をクリアしていなくてはならないのです。

　「8章3節　地域性を考えた仮設計画がコスト削減につながる」で「地域性」の記述をしましたが、その内容がそのまま当てはまると思います。

　郊外で市街地並みの仮設計画をしたり、市街地で広い駐車場を確保してみたり（公共交通機関の利用を基本として考えましょう）。

　揚重機の計画についても言えることですが、郊外で敷地に余裕がある場

合と、市内で敷地に余裕がない場合の揚重機の計画がどうなっているか、それぞれについて違う目線で見ることが大切です。

　既存の舗装があるのに工事用道路の計画をしたり、現場の配員が少ないのに、大きな仮設事務所を計画したり、敷地が限られているのに、仮設倉庫・下小屋を多数計画したり、一時的に誘導員が複数人いればいいのに工期を通して複数人を計上したり、機械器具類の台数計上を多く計画したり。

　「過剰な計画になっていないか」をチェックすることにより、施工者比較を行う際に、各社のバラツキが縮小されるはずです。

⑨ 仮設資材・機械の使用予定日数は適正か

　仮設資材・機材・機器類は一部を除いてほとんどがリース品です。したがって、1台／日（1台／月）当たりいくらというリース料金がかかってきます。

　見積りを行う場合には工程表を書き、そこに各工事の工程を書いていきますが、足場や重機・リフトといった仮設の主な物の工程も一緒に書き、使用期間を算定する根拠としています。

　しかし、実際には細かいところまでは書いていないため、感覚で日数を記入している部分もあり得ます。

　たとえば、指定工期が10ヶ月の場合、仮設事務所は10ヶ月、外構が最終の1ヶ月として仮囲いやゲートは9ヶ月、というようなザックリとした日程の決め方になります。

　各種リース品の使用予定は、その機材の工程表上の一定工事期間を通してリースするほうがいいのか、いったん返して必要時に取り寄せたほうが安くつくのか検証してみる必要があります。

　見積りの段階で誤差なく計上することは時間的に困難ですから、その金額は大きな内容について検証することで、各社のバラツキが緩和されると思われます。

9^章 直接仮設工事

① 余分な足場や安全設備を見込んでいないか

　現場作業を行う時には、その作業の一つ一つに足場や安全設備が必要で、作業内容をよく理解し、作業員の立場に立った仮設計画でなければ、必要なところに安全設備がなかったり、また不要なところに設置してしまったり、無駄な計画になりかねません。直接仮設工事は「直接」安全にかかわるため、各社の計画内容をよく検証してみましょう。

① 地足場

　建築工事が始まって最初に架ける足場が「地足場」です。掘削工事が終わり、捨てコンクリート打設や基礎・地中梁等の地墨出しが済めば、地足場の架設になります。

　柱筋を固定したり、地中梁の鉄筋を受けたり、安全通路を設置したり、さまざまな用途に利用されますが、RC造の建屋の場合はこれでいいものの、S造の建屋の場合は柱筋が短く、地中梁と一体として固定できるので、必ずしも地足場が必要というわけではありません。

　また、地中梁の鉄筋も受け台を使うことで、地足場が不要のケースが多々あり、安全通路の架設のみとなりますので、簡略化が可能となりコストが絞れるはずですが、「使われ方」を考慮せずに「とりあえず……」と

計画してしまうと無駄な費用となるのです。

② 鉄骨建方時の足場

　鉄骨建方時の足場は、建方そのもので使われ → 本締め時に使われ → 錆止めのタッチアップに使われ → 場合によって耐火被覆で使われ、また塗装工事でも使われ、仕上げのパターンによっては、建方後にさまざまな使われ方がありますので、すべての作業を考慮していないと、継ぎ足し・解体・盛替えの繰り返しで費用がふくれ上がってしまいます。

　全面的に棚足場を架けたり、また、工場建屋などで建方後の仕上げが鉄骨塗装のみの場合には、鉄骨を地上で塗装し（地塗り）、建方・本締め・タッチアップは接合部のみの足場を架けたり、高所作業車による作業としたり、いろいろな工法がありますが、作業内容をよく検討していないと、足場の重複や過不足が発生します。

③ 外部足場

　外部足場において、高層ビル等では「無足場工法」が採用されるケースもありますが、通常の建築工事では建物の周囲に躯体工事用・仕上げ工事用の足場の架設を行います。

　外観が単調な建物では外部足場だけでいいのですが、マンション等でバルコニーや外廊下のある建物では、外部足場の内側にバルコニーや外廊下専用の仕上げ用足場が必要です。足場にするのか、可動式の作業台にするのか、通路の確保は等、計画時の思案のしどころでもあります。

④ 内部足場

　階高の高い部位の内部仕上げにおいて、天井仕上げ用の足場として、棚足場を架ける場合、高所作業車を使う場合と、可動式作業台を使う場合と、作業内容によって工法がいろいろありますが、作業内容の検討をふまえた工法の選択が費用の削減につながります。

　内部階段足場は、安全通路としての階段を使用しながら、頭上の躯体工事や仕上げ工事を行うため、両方の条件を満足しなければなりません。通路を優先的に計画してしまうと、頭上作業時に不安全状態になりかねま

図1　高所作業車（出典：（株）アクティオ カタログ PA4 05811（JIG1930ES）シザーズ型）
内部足場を組まずに、高所作業車による作業が増えてきました。

せん。

　内部足場は、上階のスラブや天井仕上げ高さに制限され、どの高さまで架設するのかを検討しますが、余分に組み上げるのではなく、そこに作業員が介在しますので、作業に合わせて丁度いい高さが必要で、作業の段階に合わせて高さ・広さが調節できるのがベストです。

　作業量に応じて全面固定式の棚足場にするのか、部分的にするのか、移動式足場（ローリングタワー等）にするのか、高所作業車（図1）を採用するのかも検討が必要です。

　さらに高さが低い場合にはどうするのか、よく検証しましょう。

⑤ 安全設備

　外部足場が組み上がったら、その外側に墜落や飛来落下防止用の安全設備として、通常は網目の養生シート（メッシュシート）を張りますが、民家が近接している状況では「防音パネル」または「防音シート」を張ることになります。民家と接する面はどこまで張るのか、また全面に張るのかが検証のしどころです。

　セーフティ水平ネットは、鉄骨建て方時に墜落防止用として床・梁の下部に設置しますが、階数が複数階で階高が低い場合、各階に設置するのかどうかの検証を行います。

　安全手摺・親綱は、高所における墜落防止用・危険表示用として設置しますが、漏れがないように配置が必要で、高所ではない（法の基準）部分をどうするのか、注意が必要です。

② 仮設資材の使用予定日数は適正か

　「8章9節　仮設資材・機械の使用予定日数は適正か」でも説明しましたが、足場材各部品にも「1日当たりいくら」のリース料がかかってきます。

　リース会社が出荷した日から返却到着日までが、リース対象日数となり、現場での日数より1～2日多くなるため、大量の部材の場合は使用日数に注意が必要です。

　見積り上、外部足場では全面積に対して設置日数を計上します。たとえば階数が5階で足場設置期間が6ヶ月の場合に「全面積×6月×30日」で計上しますが、RC造の新築工事において1フロアの躯体工事が15日サイクルと想定すると、実際には、

> 「1階分足場面積×6月×30日」
> 「2階分足場面積×5.5月×30日」
> 「3階分足場面積×5月×30日」
> 「4階分足場面積×4.5月×30日」
> 「5階分足場面積×4月×30日」＝「全面積×5月×30日」

となりますので、そこに誤差が出ます。単価の検証はする価値があります。養生シートについても同様の計算になります。

　鉄骨造や外壁改修工事では、一気に足場を組み上げる場合がありますので、計算が異なります。

　鉄骨建て方時の墜落防止用のセーフティ水平ネットは上部の屋根工事が完了するまで撤去できませんので、かなりの期間の設置を見込むことになりますが、いつ撤去するのか、見極めによっては費用が大きく変わります。工程表により日数を計算し、必要日数を計上する必要があります。

③ 必要なものが適材適所に設置されているか

　「余分な仮設設備」と「必要な仮設設備」は紙一重。

　余分だと思っていても違う目で見ると必要不可欠であったりします。

　工事の施工においては、「安全最優先」の基本理念がありますので、仮設工事は労働安全衛生法（及び規則）をよく理解し、最初からしっかりした仮設計画を立て、充分検証を重ねることが大切です。

　仮設費を出し惜しみしたために、取り返しのつかない事態にならないよう、必要な設備は必ず計上するようにしたいですね。

　また反面、「あれも要る、これも要る」といった風にザックリとした計画をしてしまうと、余分な見積り金額のUPになってしまいます。

　必要なものにもかかわらずよく忘れられるのですが、高さの低い部分への（部分からの）下り桟橋などは、「ある・なし」が法的には問題ない高さであっても、災害が発生しやすい部位では、省略するのは事後の後悔となります。

　鉄骨建て方時の親綱なども、通常各階の外周と大梁上の設置を行いますが、小梁上は抜ける傾向が強いようです。必要なものでもどこまで設置するのかは、よく検証しましょう。

　「ちょっとした足場だから」と安易に足場を組む場合もありますが、そんな時でも壁つなぎや根がらみ、昇降設備、安全手摺等を基本通り設置する必要があります。

　外部足場と建物の隙間には、転落防止用の棚の設置が不可欠であり、足場の各段の安全手摺も見落とせません。

　シャフトやPS、床の開口が盲点となり不具合が発生することが多くあります。監理者からすると、仮設工事は「率」で片づけたいところですが、ほんのわずかな手摺や小さな床の開口養生等、小さなものから積み上がっていることを理解しましょう。

　仮設工事は、大きな金額を占める工事になりますが、査定に当たっては「大きい金額だから下げる」のではなく、各社比較の中で大きく金額差が出ているところが何かを見極め、分析を進めていくほうがいいと思います。

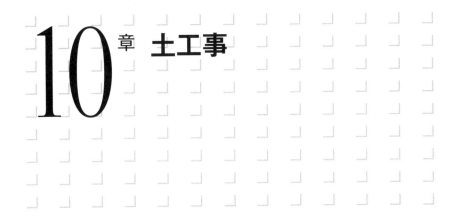

10^章 土工事

① 残土処分費は土工事費用の大半を占める（山留・構台除く）

土工事に計上する内容には、

　①土工事（根切・床付・埋戻し・残土処分・砕石・等）
　②山留工事
　③乗入構台工事
　④地盤改良工事
　⑤土間下工事（断熱材・防湿シート）
　⑥水替え（ディープウエル・ウエルポイント・釜場）

等がありますが、すべての新築工事に必ず計上されるのは①土工事です。
　この土工事のなかで、最もコストがかかるのが残土処分費で、「場外残
土処分」となりますとさらにコストがかかります（表1）。処分地が近くに
あればいいのですが、最近では処分地が遠く1回当たりの所要時間がかか
り、ダンプカーの搬送回数があまり増えないため、1回当たりの運搬費が
割高となっています。

表 1　場外残土処分時のダンプの回転数と回転数ごとの運搬費の例

距離	4t ダンプを @27,000/ 日で想定							10t ダンプを @36,000/ 日で想定						
	4t ダンプ		27,000		台日	(積載量2.2m^3/ 台)		10t ダンプ		36,000		台日	(積載量 5.5m^3/ 台)	
	積込	行き	下し	帰り	1回当たり 所要時間	往復 回数	m^{3}当たり 運搬費	積込	行き	下し	帰り	1回当たり 所要時間	往復 回数	m^{3}当たり 運搬費
km	5	所要時間（分）				(回)	円 /m^3	10	所要時間（分）				(回)	円 /m^3
1	5	6	2	6	19.0	22.1	560	10	6	2	6	24.0	17.5	370
2	5	8	2	8	23.0	18.3	670	10	8	2	8	28.0	15	440
3	5	10	2	10	27.0	15.6	790	10	10	2	10	32.0	13.1	500
4	5	12	2	12	31.0	13.5	910	10	12	2	12	36.0	11.7	560
5	5	14	2	14	35.0	12.0	1,020	10	14	2	14	40.0	10.5	620
6	5	16	2	16	39.0	10.8	1,140	10	16	2	16	44.0	9.5	690
7	5	18	2	18	43.0	9.8	1,250	10	18	2	18	48.0	8.8	740
8	5	20	2	20	47.0	8.9	1,380	10	20	2	20	52.0	8.1	810
9	5	22	2	22	51.0	8.2	1,500	10	22	2	22	56.0	7.5	870
10	5	24	2	24	55.0	7.6	1,610	10	24	2	24	60.0	7.0	940
11	5	26	2	26	59.0	7.1	1,730	10	26	2	26	64.0	6.6	990
12	5	28	2	28	63.0	6.7	1,830	10	28	2	28	68.0	6.2	1,060
13	5	30	2	30	67.0	6.3	1,950	10	30	2	30	72.0	5.8	1,130
14	5	32	2	32	71.0	5.9	2,080	10	32	2	32	76.0	5.5	1,190
15	5	34	2	34	75.0	5.6	2,190	10	34	2	34	80.0	5.3	1,230
16	5	36	2	36	79.0	5.3	2,320	10	36	2	36	84.0	5.0	1,310
17	5	38	2	38	83.0	5.1	2,410	10	38	2	38	88.0	4.8	1,360
18	5	40	2	40	87.0	4.8	2,560	10	40	2	40	92.0	4.6	1,420
19	5	42	2	42	91.0	4.6	2,670	10	42	2	42	96.0	4.4	1,490
20	5	44	2	44	95.0	4.4	2,790	10	44	2	44	100.0	4.2	1,560
21	5	46	2	46	99.0	4.2	2,920	10	46	2	46	104.0	4.0	1,640
22	5	48	2	48	103.0	4.1	2,990	10	48	2	48	108.0	3.9	1,680
23	5	50	2	50	107.0	3.9	3,150	10	50	2	50	112.0	3.8	1,720
24	5	52	2	52	111.0	3.8	3,230	10	52	2	52	116.0	3.6	1,820
25	5	54	2	54	115.0	3.7	3,320	10	54	2	54	120.0	3.5	1,870
26	5	56	2	56	119.0	3.5	3,510	10	56	2	56	124.0	3.4	1,930
27	5	58	2	58	123.0	3.4	3,610	10	58	2	58	128.0	3.3	1,980
28	5	60	2	60	127.0	3.3	3,720	10	60	2	60	132.0	3.2	2,050
29	5	62	2	62	131.0	3.2	3,840	10	62	2	62	136.0	3.1	2,110
30	5	64	2	64	135.0	3.1	3,960	10	64	2	64	140.0	3.0	2,180

　このことをよく理解したうえで、内容の検証を行いましょう。

　市街地等で総地下の案件や敷地が狭小の案件では、根切土は全量場外処分というのが多く、残土処分費の割合が多くなります。通常の現場では、土工事の45〜65%程度を占めるのが「場外処分費」なのです。

　残土の処分費は、

| 現場での積込費＋処分地までの運搬費＋処分料金 |

で構成され、処分地が遠くなるほどダンプカーの1日の回転数が減り、$1\,m^3$ 当たりの運搬費の割合が高くなります。また、処分する残土の「質」により、基準を満たした良質なもの・それ以外のもの・汚染土等の管理残土に大きく分けられ、処分料金がランク付けされ大きく差が発生します。

　土地の履歴も関係することですが、工場跡地等では土壌汚染がある可能性が大きく、また、埋立地では埋め土の中にガラ等の混入がありますので、根切をして掘出した土が「一般残土」として処分できなくなります。

　杭残土のように、セメント分やヘドロの混入した残土は「建設汚泥」として、やはり一般残土としての処分ができません。

　これらの残土を場外処分するのは、「特定の処分地」ということになり非常に高い処分料が必要となります。

　環境保全上、敷地に余裕がある場合には、場内の土のバランスを考え、GLラインの再調整を含め極力、場内存置処分を行うことを考える必要があります。

　汚染土を場内存置処分して封じ込め保存する場合は、表土の保護を考慮しなければなりません。

　敷地に余裕のある場合は、工夫次第でコストダウンが可能になってきます。

② ボーリング柱状図からコストを読みとる

　ボーリング柱状図（図1）からさまざまな情報を読み取ることができ、

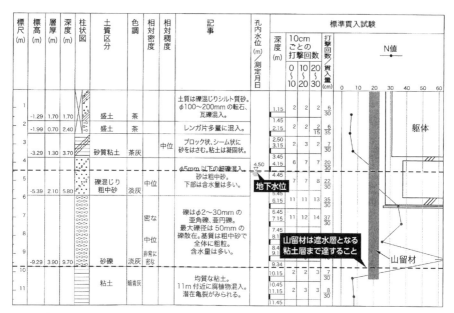

図1　ボーリング柱状図　（出典：（一社）日本建設業連合会 関西委員会『H24 建築屋さんのための積算チェックの着眼点』p. 9 より）

それをもとに施工計画を組み立てていきます。

①土質　　：「土質区分」から地盤の土質が読み取れます。

一般的に、粘土質の場合は水はけが悪く、砂質の場合は水はけが良いと判断します。

粘土層は遮水層となります。

②土の特徴：「記事」から土の特徴がわかります。

土の特徴を確認して、土工事・地業工事の工法の選定を行います。

③地下水位：「孔内水位」から、その土地の地下水位を推定します。

孔内水位から、山留壁及び排水工法の選定を行います（ただし孔内水位は実際の水位ではなく、参考値であることに注意しましょう）。

④N値　　：標準貫入試験の「N値」から、地盤の固さを推定します。
一般的に、杭先端の支持層はおよそN値30以上の砂礫
層になります。

　根切り計画をするときに、柱状図の記事欄に注目し、この図の場合では、
表土から−2.5mまでは埋め土であることが確認できます。
　転石・瓦礫・レンガ等があることから、残土処分の上部は「産業廃棄
物」で、それより下は「一般残土」ということが確認できます。
　地下水位が根切り底より高いため、早めの排水計画が必要なことが読み
取れますし、根切り底近辺は「砂礫混じり粗中砂」や「砂礫」でその層よ
り下は「粘土層」であることから、砂礫層には地下水が非常に多いことが
予想されます。
　山留壁（止水壁）は粘土層に食い込む深さまで設置する必要があること
がわかります。

③ 埋戻し土は購入土より根切りの良質土を

　埋戻し土には、A種・B種・C種・（D種）とランク付けされた区分が
あります。

A種：山砂・山土等
B種：根切り土の良質土
C種：他現場の根切り発生土の良質土
D種：再生コンクリート砕石の砂（近年環境保護活動対応のために用
　　　いられるケースが出てきています）

　一般的な特記仕様書によりますと、埋戻し土は「B種」で根切り土中の
良質土となっていることが多いのですが、建築物が敷地いっぱいに建って

敷地に余裕がない案件では、根切り土の仮置きができませんので、根切り土の全数を場外処分し、埋戻し土は全数購入土となってしまいます。現場の実情に応じて仕様の選定に注意が必要です。

しかし、「B種可」となっている場合にはB種同等の購入土を搬入することで、少しでもコストを抑える方法を検討するべきです。

敷地が広く、また1階の面積も広い、いわゆる大規模な案件では工区分けを行って、別工区で堀削した土を先行工区の埋戻しに使い、順次それを行っていくことにより、半分以上の根切り土を埋戻し土に転用することが可能で、根切り残土の場外処分量を減らすことができるし、埋戻し土の購入土も減らすことができます。

④ 砕石は再生砕石の検討を

基礎下や土間下等の地業は、床付け面における掘削したばかりの土の表面は荒れていて沈下しやすいので、構造物が傾いたり沈下したりすることを防止する役割を持っています。

以前は河川から採取される石や砂利を使い、「割栗地業」や「砂利地業」が行われていましたが、「栗石」や「川砂利」の採取が困難になり、手に入らなくなった近年においては、「砕石地業」が主に行われます。

砕石には自然石を砕いた自然砕石を用いますが、環境保護が叫ばれる昨今においては、建物等を解体したコンクリート片を砕いたものや、鉱滓等の「再生砕石」が使用される場合があります。

外構工事のアスファルト舗装等の下部砕石には、鉱滓やアスファルト舗装を撤去したもので二次再生としての砕石代用品が使われる場合もあります。

栗石地業：栗石を小端立てに敷き詰め、目潰し砂利を入れて転圧して
　　　　　捨てコンクリートを打設（図2）。

今や、その栗石の材料も河川での採取ができなくなり、砕石に変わり、

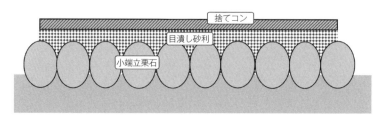

図2 小端立て栗石地業
栗石（大き目の玉石＝現在は手に入らなくなり砕石で代用）を一つ一つ並べて立て、その上からすき間を埋める砂利や砂を敷き（目潰し砂利）転圧します。

目潰し砂利も砕石砂利に変わりました。

　栗石地業を砕石で代用するため、砕石敷き → 転圧となるため目潰し砂利が不要で、栗石小端立て・目潰し砂利の作業が省略できて、以前よりコストがかからなくなりました。

⑤ 山留工事・水替工事は工法の見直しで コストダウンも

　根切りとセットで考えなければならないのが、「山留工事」と「水替工事」です。

　根切りが堀り進むにつれ、掘削面がどんどん深くなっていきますし、地下水位との関係で地下水が湧きだします。「山留工事」や「水替工事」をおろそかにしていると、周辺道路や近隣の地盤の陥没等の重大事故が発生する可能性があります。

　ボーリング柱状図を参考に計画を立てますが、土質に応じた山留工事や水替工事の計画を立てなければなりません。

　地下水位が高く（浅く）、透水性の高い砂質土や砂礫土等の場合は、止水性の高いシートパイル工法や連壁工法を採用しますが、礫混じりの場合にはシートパイルの打設が困難な場合があるため、連壁工法の採用が検討されます。

　また、粘土層の場合には、掘削深さにもよりますが、親杭横矢板工法の採用が多くなります。

　地中に大きな転石が予想されるような場合には、連壁工法の掘削も困難な場合があり、転石の撤去を含めた工法を採用せざるを得ません。

　水位の関係、土質の関係、根切り深さの関係、それに敷地の状況も加味して、最適な工法選択を行います（表2）。

　たとえば連壁工法で計画をする場合に、何が何でも全部連壁でと考えるとコストの高いものになってしまいます。

　総地下の案件の山留工事は別として、部分地下や一部分が深くなっているような時には、深い部分と浅い一般部の山留めは工法を変えて計画してみるのも一案です。

　敷地に余裕がある場合には極力、山留めなしのオープンカットで考えることが大切です。

　山留工事の費用が大きい場合は範囲の見直しも一案です。

　止水壁兼用の山留めを行う場合には、ボーリング柱状図による地層を確認し、山留壁をどの層で止めるかをよく検討しておきましょう。

　水替え工事も、根切り深さと土質、地下水位の高さを考慮しながら計画します。

表2　山留工法選定条件

山留壁の種類	地盤条件			工事規模				周辺環境			工期	工費
	軟弱な地盤	砂礫地盤	地下水位が高い地盤	掘削深さ		平面規模		騒音振動	地盤沈下	泥酔処理		
				浅い	深い	狭い	広い					
親杭横矢板	△	◎	△	◎	△	○	○	○	△	◎	◎	◎
鋼矢板	◎	○	○	◎	○	○	○	○	○	◎	◎	○
鋼管矢板	◎	○	○	△	◎	○	○	○	◎	◎	◎	△
ソイルセメント	◎	○	○	○	◎	○	○	◎	○	△	◎	○
RC地中壁	◎	○	◎	△	◎	△	○	◎	◎	△	△	△

◎：有利　　○：普通　　△：不利

（出典：（一社）日本建設業連合会関西委員会『H24 建築屋さんのための積算チェックの着眼点』p.8 より）

　地下水位が深く根切りが浅い場合は、土中の含有水と雨水の排水程度と考え、「釜場排水工法」が多く用いられます。

　水位が浅く砂礫層や砂質層等で、根切り面積が広い場合は、WP（ウェルポイント）工法を用い、根切り面全体の水位を下げるようにします。

　根切りが深く、地下水位よりさらに深く掘り下げる場合は、DW（ディープウエル）工法を用いて深い場所の地下水を汲み揚げます。

　それぞれの工法にはそれぞれの特徴があり、特徴を生かした工法の採用が大切ですが、それにこだわり過ぎて全体を一つの工法で統一しようとすると、割高の計画になってしまう場合もあり、工法の併用を視野に入れた計画がいいと思われます。

　「8章7節　仮設電気・仮設給排水では「工事費」をチェック」でも述べましたが、汲み揚げた地下水はそのまま河川や下水道に放流することはできません。

　汲み揚げた水のなかには砂や泥分を含んでおり、配管のなかに沈殿し下水配管を詰まらせる可能性があります。もし詰まらせると、水道事業者よりその復旧のための多額の費用が請求されることになります。

　ノッチタンク等でいったん沈殿させてからの、上澄み水の下水排水となりますが、下水使用料は各市により差がありますので注意が必要です。

11章 躯体工事

① 杭工事の工法はコスト的に適正か

　杭の工法選定は、ボーリングデータに基づいて行われますが、支持層が浅く安定しているデータでは、さまざまな工法が選択されます。

　基礎工事は直接基礎地業と杭基礎地業に大別され、また杭基礎地業は杭として使用される材料により分類され、杭の施工方法の違いによりさらに分類されます。

　支持層が非常に浅い場合（GL－5m程度まで）は、直接基礎や地盤改良やラップルコンクリート等が多く、もう少し深くなると地盤改良杭工法なども採用されることがあります。

　支持層がGL－10mを超えGL－25m程度においては、既製杭工法（PHC、鋼管杭等）が採用され、また打設工法についてはさまざまな工法の中から選択されます。

　支持層がGL－30mを超えるような場合は、既製杭に加え場所打ち杭工法が多くなってきます。支持層がさらに深い場合でも、中間層がある程度しっかりしている場合には摩擦杭工法が採用されることもあります。

　いずれも、建物の基礎に作用する荷重によって採用される工法や杭径が左右されるわけですが、たとえば「大阪平野」を例にとって説明しますと、

地　層	特　徴
Ma13層	大阪平野の沖積層を示し、軟弱な地盤。
第1天満層	Ma13層とMa12層の間にある沖積層下位の最も新しい洪積砂礫層。沖積層下位に分布する礫層であることから、土木建築関係の支持層となることが多い。
Ma12層	沖積層下位にある最も新しい洪積粘土層。
第2天満層	Ma12層とMa11層の間にある洪積砂礫層。大規模建築物の場合に支持層となることがある地層。

```
                                    ▽ G.L
┈┈┈┈┈┈┈┈┈┈┈┈┈┈┈┈┈┈┈┈┈┈┈┈┈┈┈┈┈┈┈
    沖積層・Ma13層
┈┈┈┈┈┈┈┈┈┈┈┈┈┈┈┈┈┈┈┈┈┈┈┈┈┈   ➡第1天満層
    第1洪積砂礫層                    （GL－30m付近）
┈┈┈┈┈┈┈┈┈┈┈┈┈┈┈┈┈┈┈┈┈┈┈┈┈┈
    Ma12層                        ➡第2天満層
    第2洪積砂礫層                    （GL－50m以上）
┈┈┈┈┈┈┈┈┈┈┈┈┈┈┈┈┈┈┈┈┈┈┈┈┈┈
    上部洪積層
    および
    大阪層群
```

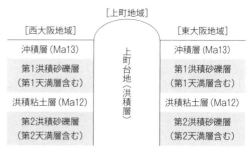

[上町地域]

[西大阪地域]	上町台地（洪積層）	[東大阪地域]
沖積層（Ma13）		沖積層（Ma13）
第1洪積砂礫層（第1天満層含む）		第1洪積砂礫層（第1天満層含む）
洪積粘土層（Ma12）		洪積粘土層（Ma12）
第2洪積砂礫層（第2天満層含む）		第2洪積砂礫層（第2天満層含む）

図1　大阪平野の地層（出典：KG-NET・関西圏地盤研究会『新関西地盤──大阪平野から大阪湾』）
大阪平野の地層の特徴は、大きく分けて三つに分かれます。地層のしっかりしている「上町地域」を挟んで東に「東大阪地域」、西に「西大阪地域」があります。

大阪平野は第1天満層（GL－30m付近）、第2天満層（GL－50m以上）と支持層が大きく、2層存在する場合にはその荷重によってどの層を支持層とするかが決まります（図1）。

　おおむね、一般の土木・建築構造物は第1天満層を支持層とする場合が多く、大規模土木構造物や大規模建築物は、第2天満層を支持層とする場合が多いと言えます。

　しかし、第2天満層を支持層とした場合には、杭工事のコストが飛躍的に高くなります

　杭工法の選定の条件はさまざまですから、構造物や支持地盤の状況を考慮しながら、最適な杭工法を選択します（図2、表1）。

基礎形式		評価検討内容
直接基礎地業	直接基礎	支持地盤の深さと支持力、圧密沈下、地下水位
		液状化、他
	地盤改良 (ラップルコンクリート)	支持地盤の深さと支持力、圧密沈下、地下水位
		液状化、ラップルコンクリートの設計基準強度、他
	地盤改良(浅層地盤改良)	支持地盤の深さと支持力、圧密沈下、地下水位
		液状化地盤の抵抗力、改良材の設計基準強度、他
	地盤改良(深層地盤改良)	支持地盤の深さと支持力、圧密沈下、地下水位
		液状化地盤の抵抗力、改良材の設計基準強度、他
杭基礎地業	杭基礎(摩擦杭)	支持地盤の深さと支持力、杭の支持力、地層の傾斜、圧密沈下
		引抜き抵抗力、水平抵抗力、負の摩擦力、液状化地盤の抵抗力
		杭本体の強度・耐力、他
	杭基礎(支持杭)	支持地盤の深さと支持力、杭の支持力 地層の傾斜、圧密沈下
		引抜き抵抗力、水平抵抗力、負の摩擦力、液状化地盤の抵抗力
		杭本体の強度・耐力、他

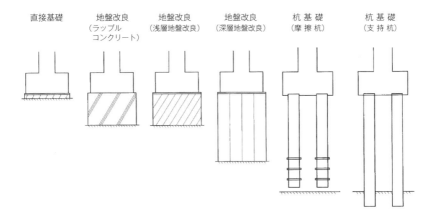

図2　基礎形式ごとの検討事項（出典：(一社) 日本建設業連合会関西委員会『H27 建築屋さんのための杭工事見積の手引き』p.5 より）

支持層の深さによって、基礎地業の工法が変わります。

表1　杭工法の選定条件

選定条件	直接基礎	打込み杭基礎 RC杭	打込み杭基礎 PHC・SC杭	打込み杭基礎 鋼管杭	中堀り杭基礎 PHC・SC杭 最終打撃方法	中堀り杭基礎 PHC・SC杭 噴出攪拌方式	中堀り杭基礎 PHC・SC杭 コンクリート打設方式	中堀り杭基礎 鋼管杭 最終打撃方法	中堀り杭基礎 鋼管杭 噴出攪拌方式	中堀り杭基礎 鋼管杭 コンクリート打設方式	場所打ち杭基礎 オールケーシング	場所打ち杭基礎 リバース	場所打ち杭基礎 アースドリル	場所打ち杭基礎 深礎	ケーソン基礎 ニューマチック	ケーソン基礎 オープン	鋼管矢板基礎	地中連続壁基礎
支持層までの状態：中間層に極軟弱層がある	△	○	○	○	○	○	○	○	○	○	○	○	○	×	○	○	○	○
支持層までの状態：中間層に極硬い層がある	○	×	△	△	△	△	○	△	△	○	△	△	△	○	△	△	△	○
中間層に礫がある：礫径5cm以下	○	△	○	○	○	○	○	○	○	○	○	○	○	○	○	○	○	○
中間層に礫がある：礫径5～10cm	○	×	△	△	△	△	○	○	○	○	○	○	○	○	○	○	○	○
中間層に礫がある：礫径10～50cm	○	×	×	×	×	×	×	△	△	△	○	△	△	○	○	○	△	○
液状化する地盤がある	△	△	○	○	○	○	○	○	○	○	○	○	○	○	○	○	○	○
支持層の深度：5m未満	○	○	×	×	×	×	×	×	×	×	×	×	×	○	△	△	×	△
支持層の深度：5～15m	○	○	○	○	○	○	○	○	○	○	○	○	○	○	○	○	○	○
支持層の深度：15～25m	×	○	○	○	○	○	○	○	○	○	○	○	○	△	○	○	○	○
支持層の深度：25～40m	×	×	△	○	△	△	△	○	○	○	○	○	○	×	○	○	○	○
支持層の深度：40～60m	×	×	×	△	×	×	×	△	△	△	○	○	○	×	△	○	△	○
支持層の深度：60m以上	×	×	×	×	×	×	×	×	×	×	△	△	△	×	△	○	△	△
支持層の土質：粘土層(20≦N)	○	○	○	○	○	○	○	×	○	○	×	○	×	○	○	○	○	○
支持層の土質：砂・砂礫(30≦N)	○	○	○	○	○	○	○	○	○	○	○	○	○	○	○	○	○	○
傾斜が大きい(30度程度以上)	○	○	○	○	○	○	○	○	○	○	△	△	△	○	△	△	○	○
支持層面の凹凸が激しい	○	△	△	○	○	○	○	○	○	○	△	△	△	○	△	△	○	○
地下水の状態：地下水が地表面近い	△	○	○	○	○	○	○	○	○	○	○	○	○	△	○	○	○	○
地下水の状態：湧水量が極めて多い	△	○	○	○	○	○	○	○	○	○	○	○	○	×	○	○	○	○
地下水の状態：地表より2m以上の被圧地下水	×	△	△	△	△	△	△	△	△	△	△	△	△	×	○	×	△	○
地下水の状態：地下水流速3m/min以上	×	○	○	○	○	○	○	○	○	○	△	×	△	×	×	×	△	○
荷重規模：鉛直荷重が小さい(支間20m以下)	○	○	○	○	○	○	○	○	○	○	△	△	△	○	×	×	×	×
荷重規模：鉛直荷重が普通(支間20～50m)	○	△	○	○	○	○	○	○	○	○	○	○	○	○	○	○	○	○
荷重規模：鉛直荷重が大きい(支間50m以上)	○	×	△	○	×	△	△	○	○	○	○	○	○	△	○	○	○	○
荷重規模：鉛直荷重に比べ水平荷重が小さい	○	○	○	○	○	○	○	○	○	○	○	○	○	○	○	○	○	○
荷重規模：鉛直荷重に比べ水平荷重が大きい	○	×	×	△	×	×	△	△	△	○	○	○	○	△	○	○	○	○
支持形式：支持杭																		
支持形式：摩擦杭																		
水上施工：水深5m未満	○	○	○	○	○	○	○	○	○	○	△	△	△	×	○	○	○	○
水上施工：水深5m以上	×	△	△	○	△	△	△	○	○	○	×	×	×	×	○	○	○	○
作業空間が狭い	○	△	△	△	△	△	△	△	△	△	△	△	○	○	△	△	△	△
斜杭の施工																		
有毒ガスの影響	△	○	○	○	○	○	○	○	○	○	○	○	○	×	△	△	○	○
周辺環境：振動騒音対策	○	×	△	×	○	△	△	○	△	△	○	○	○	○	△	△	△	△
周辺環境：隣接構造物に対する影響	○	×	△	△	△	△	△	△	△	△	○	○	○	○	△	△	△	△

○：適合性が高い　　△：適合性がある　　×：適合性が低い

（出典：日本道路協会『杭基礎設計便覧改訂版』より）

② 躯体工事のコストは
事前の搬入道路調査が重要

　建物の規模によっても変わってきますが、躯体工事で扱う材料は「長」「大」「重」のものが多く、その資材運搬には大型車両が使われることが多いため、搬入道路の「幅」が必要になってきます。

　資材が長・大・重でなくても、大規模な案件では施工数量が多いため、大型車両を使う機会が多くなります。

　土工事における根切り土や砕石の運搬は、大型車両で運搬しないと多くの日数を使ってしまいますし、型枠・鉄筋工事における型枠材や鉄筋材の運搬は、加工品を運搬する関係で「長」「大」のものが多く、やはり大型車両になります。

　またコンクリート工事における生コンクリートの運搬は、一般的に建物の1フロアごとに打設の区切りとする関係で、打設数量が多い場合にはやはり大型車両による運搬になります。

　しかし道路事情により、搬入道路の幅が狭く小型車しか通行できない場合がありますが、このような案件においては事前に現地調査を行い、小型車による計画を立てましょう。

　ダンプや生コン車は、小型車の保有台数が非常に少なく、計画的に台数を集めなければなりません。

　打設数量にもよりますが、小型車による運搬になりますと、コンクリートの打設が1フロアを1回で完了できない状況が発生する場合もあり、事前に「打継ぎ計画」を立て、建物の構造上・意匠上に問題が出ないようにする必要があります。

　搬入道路が狭い場所での、ある程度のまとまった数量の施工ではコストがかかり、また日数もかかり、工期にも影響がありますので、注意が必要です。

③ コンクリートの打設時期で 大きくコストが変わる

　工事で使用する生コンクリートは、特記仕様書で指示がある強度となります。設計基準強度（FC）、耐久設計基準強度（FD）、調合管理強度（Fm）等があり、見た目には混乱を起こすように感じますが、それぞれが理由付けをされています。

▶ 施工時期における強度の変動とコストの変動

　コンクリートの打設は、気候のいい時期だけではありません。汗がしたたるような真夏の時期があったり、極寒の真冬の時期もあります。

　気候のいいときはもちろんですが、暑い時期や寒い時期においても、設計基準強度が確保できなければなりません。そのためにコンクリート自体には暑い・寒いを補えるよう強度補正が加わります。打設後のコンクリート養生も、暑さ対策・寒さ対策が加わり、材料・手間とも費用がUPします。

▶ 水とコンクリート

　生コンクリートは大量の水を加え調合します。

　大量に水分を含んだコンクリート（体積比約20％）の打設時においては、自然環境に大きく左右され、寒いときは打設後の気温によっては硬化が遅れ、また凍結の可能性があり強度の発現が思わしくなく（寒中コンクリート）、また暑いときはコンクリート表面の水分の急激な蒸発等により、クラックが発生したり強度の発現に支障が出たりします（暑中コンクリート）。

▶ 寒中コンクリートと暑中コンクリート

　寒中コンクリートは、打設日を含め初期強度が発現できるまでの期間の日平均気温が4℃以下になることが想定されるような場合には、コンクリートが凍結しないような施工方法・養生方法が要求されます。

　寒中コンクリート対応では、大がかりな場合には上屋を架けてコンクリ

ート打設部分を覆い、暖気養生などを行いますが、事前の準備と設置に非常にコストがかかります。

　暑中コンクリートは、打設日を含め初期強度が発現できるまでの期間の日平均気温が 25°C を超えることが想定されるような場合には、コンクリートの急激な温度上昇がないように、急激にコンクリートが乾燥しないような施工方法・養生方法が要求されます。初期強度が発現できるまでの期間、コンクリートの表面にマットを敷き詰め散水を行う等の養生を行い、湿潤状態を保つようにします。

　寒中コンクリートも暑中コンクリートも、通常期に比べて強度の発現が低調になりやすいため、強度補正を行うようになっています。おおむね関西においては、11/16 〜 3/15（約 4 ヶ月間）が寒中コンクリートとなっており、7/20 〜 8/ 末日（約 1.5 ヶ月）が暑中コンクリートとなっており、その間のコンクリートは通常期の強度補正「+3N」に対し「+6N」加える必要があります。

　養生を誤ったり、怠ったりしてしまうと、取り返しのつかないことになってしまうため、設計監理者としても、寒中養生の状況や暑中養生の状況を把握し、適切に実行されているかを確認することが重要です。

　施工面でも品質面でも、コストが割高になる時期と言えます。

④ 捨てコンクリートの精度を高めると　　コスト面で有利

　一般的な建築物の施工手順は、まず掘削を行い → 床付け → 砕石敷転圧 → 捨てコンクリート打設 → 墨出し → 基礎躯体……と続いていきますが、それぞれの工程の各場面で少し気を遣うことで、後々の工程や精度・コスト面において有利な展開が期待できるのです。

　まず掘削を行いますが、余分な部分の掘削を避けるため、掘削の位置出しを行います。掘削中は深さを確認しながら作業を行い、不整形な掘削面

を床付け作業で均し、砕石敷き作業も高さを確認しながら転圧を行います。

　そして捨てコンクリートを打設するわけですが、大まかな墨出しを行ってフーチングや地中梁の位置を決め、捨てコンクリート止め型枠を入れコンクリートの範囲と天端を測定して墨出しを行い、捨てコンクリートの打設＋鏝押えを行います。

　こうして、捨てコンクリートの位置と高さの精度を上げることにより、その後の各工程の精度を上げることができるのです。

　設計監理者として、施工の初期段階において、ひと手間を加えた施工管理における基本姿勢の指示を出すことにより、その後の監理がスムーズになり、精度と品質の良い建物を造り上げることができるのです。

　そして副次効果として、材料のロスの低減を図ることができます。

⑤ 型枠工事は設計図上の発想の転換で 大幅コストダウンも

　型枠工事はコンクリート施工図を基に、まず材料拾いから始まります。そして、加工場では、その拾いを基にベニヤ板をカットし、柱や梁型枠パネルの加工をしていきます。

　大壁やスラブの型枠には、カットしないままのベニヤ板をそのまま使用し、寸法調整部分のみカット材で埋めます。

　型枠工事の工程としては、

> 加工場から加工したパネルを運搬 → 荷揚げ → 組立て →
> そしてコンクリート打設後に型枠解体 → 搬出

という手順になりますが、同じ寸法の柱型枠や梁型枠・壁材・スラブ材は解体後に上階への転用となることが多いです。

　柱型や梁型は上階に上がるほど寸法が小さくなっていきますが、案件に

よっては各階とも寸法が異なる場合もあり、型枠パネルの製作が各階で必要になってきます。

設計図上、柱や梁がもし同じ寸法であれば、そのまま上階に持ち上がることが可能で、型枠工事がかなりコストダウンできるわけです。

すべての階で同じ寸法に揃えることは、部分的にコストアップになってしまいますが、2階分・3階分を揃えることで、メリットが期待できます。

加工サイズを揃えることで、設計監理者にとってもチェックが容易になり、型枠工事のミスの防止にもつながります。

型枠工事のコストを下げるには、転用回数を増やすのも一つの考え方で、材料価格が少々高くても、転用回数が増えれば十分メリットが期待できます。

また、型枠工事にはコンクリート打設後の「解体工事」が伴いますので、この解体工事を省略する考え方も1案といえます。

下階の仕上げ仕様にもよりますが、スラブ型枠にフラットデッキを使用したり、地中梁の型枠にラス型枠を使用することにより、解体工事を省略する工法も採用されている例があります。

⑥ 型枠工事や鉄筋工事は設計時より 省力化を考慮し、現場作業を減らす工夫を

建築工事は現地に出向いて、現地で加工し、現地で組み立て、建物を造り上げるということが古くから行われてきて、今もそのスタイルは大きく変わることなく受け継がれて、建物の建設が行われています。

それは、「現地に建物を造る」という性質上仕方がないことで、そこが工場製品とは違うところなのです。

しかし、近年の建設産業従事者の減少に伴い、作業の内容や使用資材にも変化が現れ始め、100％現場作業だったものが徐々に工場製作に変わってきて、工場でのプレカットや半製品化したものを搬入して、現地で組み

立てるだけというものが増えてきました。

　型枠工事や鉄筋工事も例に漏れず、工場加工した半製品を搬入し組立てだけを現場で行うことが増えるようになってきました。

　コンクリート打設後に、まず柱筋を圧接しフープ筋を巻いていた作業が、工場で柱主筋にフープ筋を取り付け、半製品化した柱筋ユニットを搬入荷揚げ、セット後すぐに圧接・仕舞で柱配筋作業が完了です。

　型枠工事も、半製品化した柱型枠を搬入・組立てで、現場での手作業がかなり減少しました。

　梁型枠も工場でＵ字型に組み立てた半製品を柱間にセットします。

　梁配筋も同様で、工場で梁主筋にスターラップ筋を取り付け、半製品化した梁筋ユニットを、搬入荷揚げ・セットし圧接・仕舞で梁配筋の完了となります。

　工場加工半製品を多用することで、現場手作業が減るとともに工期短縮にも役立ち、また工場加工をすることで精度のよいものとなっています。

⑦ 工業化工法を取り入れる

　建設産業従事者が1997年をピークに徐々に減り始め、その減少が目立ち始めた2003年ごろから、労務費の削減・省力化・合理化等の考え方が進められるようになり、建設現場において「工業化工法」による施工方法が採用されるようになってきました（図3）※。

　現場での作業の一部または大部分を工場製作にシフトし、製品または半製品化したものを現場に搬入し、組み立てるだけ・取り付けるだけといった内容の作業を「工業化工法」と呼び、多岐にわたって展開されるように

※　建設業界の動きと、建設就業者数の動きは密接に連動しています。建設投資額が多かった時は建設就業者数も多かったが、その後、徐々に投資額が減少し建設就業者数も減少していったわけです。しかし昨今は、以前のような投資額：就業者数の比率になっていなくて、その状況が年々悪化しています。

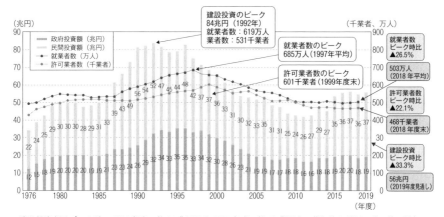

○建設投資額はピーク時の1992年度：約84兆円から2011年度：約42兆円まで落ち込んだが、その後、増加に転じ、2019年度は約56兆円となる見通し（ピーク時から約33％減）。
○建設業者数（2017年度末）は約46万業者で、ピーク時（1999年度末）から約23％減。
○建設業就業者数（2017年平均）は498万人で、ピーク時（1997年平均）から約27％減。

注1　投資額については2016年度まで実績、2017年度・2018年度は見込み、2019年度は見通し
注2　許可業者数は各年度末（翌年3月末）の値
注3　就業者数は年平均。2011年は、被災3県（岩手県・宮城県・福島県）を補完推計した値について2010年国勢調査結果を基準とする推計人口で遡及推計した値
注4　平成27年（2015年）産業連関表の公表に伴い、2015年以降建築物リフォーム・リニューアルが追加されたとともに、2011年以降の投資額を遡及改定している

図3　建設投資・許可業者・就業者数の推移（出典：国土交通省ホームページより）

なりました。
　古くは「鉄骨造」が代表格で、その後「プレファブ造」が続きます。
　近年の工業化工法は部分的な工業化を主体としており、部品・部材・部位の工業化が進められてきました。
● 基礎型枠のラス型枠を使った工法変更や上階梁型枠にアルミ型枠の採用、床の型枠のフラットデッキを使った工法変更
● 鉄筋工事でも先に述べました柱配筋のユニット配筋や梁配筋のユニット配筋、土間や上階床の溶接鉄筋網（ウェルドマット）の採用
● コンクリートの柱・梁・床・壁の躯体そのものをPC化したり、ハーフPC化（図4）

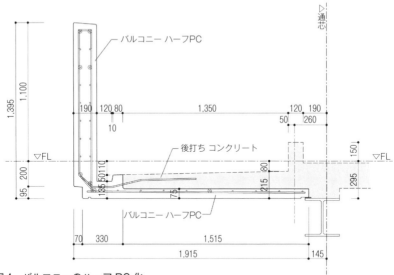

図4　バルコニーのハーフPC化
建物の躯体のPC化やハーフPC化により、現場作業の削減による工期短縮や省コスト化が図れます。

- 仕上げ工事においては、ユニットバスが先駆けですが、ユニットトイレやシステム天井等の採用等
- 設備工事においても、パイプシャフトの縦配管をまとめてユニット化したものを組み立てていく工法や、天井配管・配線をまとめてユニット化する等

　その他、動きがどんどん広がっていきます。

　建築工事の工法や手順が古くから長年に渡って、綿々と変わらず続けられてきましたが、その工法や施工手順が近年において徐々に変化しつつあります。

⑧ 鉄骨接合部をノンブラケットとして材料費を削減

　鉄骨の現場接合といえば、高力ボルト接合が主として行われます。側面

に梁を取り付けるための部材（ブラケット）を工場溶接した柱材を建方した後、柱—柱間に梁材を吊り込み高力ボルト接合するのが、一般的な工法として行われています。

　この工法の場合だと、1スパンに必ず2ヶ所の接合部が発生します。また、柱の両側に（部位によっては四方に）ブラケット部材が飛び出しているため、運送時の嵩が大きくなり混載が難しくなるため、運搬ロスが大きくなります。

　この工法に対して、ブラケットをあらかじめ工場で溶接しないで、現場で柱材に直接梁材を溶接する工法「ノンブラケット工法」があります。逆転の発想です。

　梁が現場溶接のため、柱材の荷姿はスッキリしており、積み重ねや混載が可能になります。

　現場溶接手間と溶接部位のチェックという部分では増要素ではありますが、溶接継ぎ手のためブラケット工法に比べ鋼材量を減らすことができ、工場加工工程を含めた延べ日数ではノンブラケット工法が有利になります。

　しかし、天候や溶接工の技量に影響を受けやすく、鉄骨建方工程上の問題もありますので、設計監理者としては工法選択の承認においては充分な検討が必要です。

⑨ 鉄骨工事は附属金物類を先付けし、現場作業を減らす工夫を

　鉄骨造の建物において、鉄骨はすべての仕上げ材の支えであり下地になりますので、さまざまな仕上げ材を取り付けるための多くの部材の取付けが必要になってきます。また、鉄骨工事を安全に進めるための安全設備取付け用の金物等も必要です。

　安全タラップ、手摺り用のピース、吊り足場用のピース、親綱取付け用のフック、安全ネット取付け用のフック、安全通路用のピース、カーテン

ウォール取付け用のピース、外壁の ALC 版や押出成形セメント板・サイディング等の材取付け用のピース等を先行取付けします。

　このように、工場で柱や梁を横にした状態や架台に乗せた状態で、床上での作業を行うことで、現場での高所作業を行うのに比べ、はるかに安全で効率的でスピーディな作業になるのです。

　部材の溶接作業が、足元の安定した状態で行うことで、母材を痛めることなく進められるため、設計監理者としても品質上・工程上のメリットの面で良好と言えます。　また、安全設備の先付けで安全作業が可能になります。

　設計者の発想の中にも、施工方法を改善して原価を下げさせ、予算を捻出する考えを持つことが大切なことであると思います。

⑩ 鉄骨工事専用仮設は、鉄骨建方に組み込む

　仮設工事費をすべて直接仮設工事に計上しますと、鉄骨造建物の直接仮設工事費は鉄筋コンクリート造建物の直接仮設工事費に比べ、一般的に割高となります。それだけ多くの仮設設備・安全設備が必要になるからです。

　そのまま直接仮設工事にすべてを計上したままの状態ですと、「高い！」という一言で片付けられてしまいます。

　高いからと言っても必要なものは削除することもできません。そこで、一般的な目的のための仮設と鉄骨工事でのみ使用する仮設を分けて、鉄骨工事でのみ使用する仮設を「専用仮設」（図5）として鉄骨工事のなかに計上する場合があります。

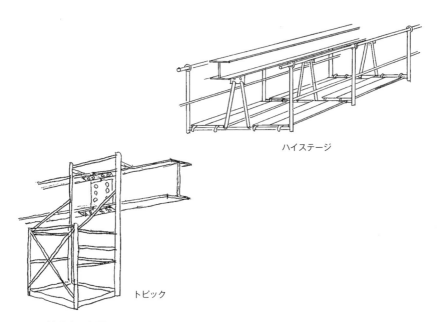

ハイステージ

トピック

図5　鉄骨専用仮設
鉄骨工事専用の足場で、足場を必要部分のみに設置することで、コストメリットがあります。

① 仕上げの仕様は適材適所か

　筆者は日常的に設計図と睨めっこをしながら業務をしていますが、図面を見ているときに、時々「？」と考えてしまう場面に遭遇することがあります。

　仕上げの仕様が決まる背景には、「施主の要望」「設計のコンセプト」「その部位に合ったもの（使い方が正当と思えるもの）」「耐久性」「価格的なもの」「見栄え（見た目に豪華なもの・安いもの）」「手に入りやすいもの」等、さまざまな要因がありますが、施主の要望や設計のコンセプトばかりを一辺倒で押し進めていくと、アンバランスなことになりかねません。

　玄関ホール・ロビーや応接室はお金を掛けて少し豪華に見せたいのは誰しも同じ考えだと思われますが、それ以外の部位において時折「ここまでしなくても……」というような内容があり、金額を押し上げてしまって予算に合わなくなり、あげくの果てに VE・CD の餌食になってしまうことがあります。

　逆に「もっと仕様を上げたらいいのに……」と思える場面も出てきたりして、VE の一環で「逆 VE」を行い、仕様 UP の提案をして喜ばれたりすることもあります。たとえば、ある部屋を（ある部分を）少し豪華に見

せたいような時に、仕様や機能性を UP することがあります。もちろん少しコスト UP にはなりますが、建物全体が立派に見えるようになります。

　部屋の使い勝手や機能性を重視した仕様とし、その他は附帯的な一般仕様でいいのではないでしょうか。

　執務室（事務室）は執務環境（照明・温度・湿度・音）が大事で、倉庫等については床の仕様が大事、壁や天井は「素地」も選択肢に加えてもいいと思われます。

　また、場所により仕上げ材料の適性というものがありますので、使用場所の環境条件をよく検討して、材料の選択をします。

　塗料を例にあげてみますと、表1のようにそれぞれの種類の塗料の環境

表1　塗料の特徴とコスト指数

塗料の種類	塗料の特徴　（◎非常に良い、○良い、△悪い、×非常に悪い）							材料コスト指数※
	耐候性	耐熱性	耐油性	耐水性	耐アルカリ性	平滑性	美装性	
合成樹脂調合ペイント（SOP）	○	○	○	○	×	○	○	100
フタル酸樹脂エナメル（FE）	○	○	○	○	×	◎	○	140
アクリル樹脂エナメル（AE）	○	△	○	○	○	◎	○	190
2液性ポリウレタンエナメル（2-UE）	◎	◎	◎	◎	○	◎	◎	230
アクリルシリコン樹脂エナメル（2-ASE）	◎	◎	◎	◎	◎	◎	◎	550
常温乾燥型ふっ素樹脂エナメル（2-FUE）	◎	◎	◎	◎	◎	◎	◎	1200
合成樹脂エマルジョンペイント（EP）	○	×	×	△	○	○	○	100

※　SOP 塗装を「100」としたときの、それぞれの仕様の単価を比較するための数字

（出典：（一社）日本建設業連合会関西委員会『H24 建築屋さんのための積算チェックの着眼点』p.19 より、参考文献：経済調査会積算資料）

に対する適性を確認することができます。

　そして、適性に優れている材料はコスト的にも指数（表1の材料コスト指数）が高いということがわかると思います。

② 図面上格好良くても、離れて見れば「色」しか見えない

　目を引くような綺麗なデザインの建物、奇抜な形状をした建物、高価な仕様の材料で飾り立てられた外観、それらはすべてコストを押し上げる要因となります。

　ある建物の外壁に施主の意向で外国産の仕上げ材を使うことになっていました。見本を取り寄せて検討しましたが、確かに優れた素晴らしい材料なのです。しかし、輸入品でもあり価格が高価で、承認製作搬入までの期間を相当見込まねばならないものでした。

　当然 VE の対象になったわけですが、「国産品で代用できないか」「別の仕上げ材に変更できないか」等、さまざまな意見が出たものの、結局施主の意向のとおり、そのままの材料を使って建物が完成しました。

　足場が取れて建物の全容が見えるようになり、施主の検査が行われましたが、前面道路の向こう側から建物を見た施主が、「離れて見ると材料の素肌感がわからん、これでは吹付けと変わらないではないか」。

　そうなのです、いくら高価な材料、素晴らしい材料でも、少し離れて見ると価値が見えなくなります。きれいなデザインの建物でも、離れて見るとただの「壁」としか認識できない場合があります。

③ 一本の線を引くだけでコストダウンができる

　VE を考えるときに、仕様の高い部屋が並んでいる時には、どこを、どのように VE したらいいのか、なかなか思いつかないものです。

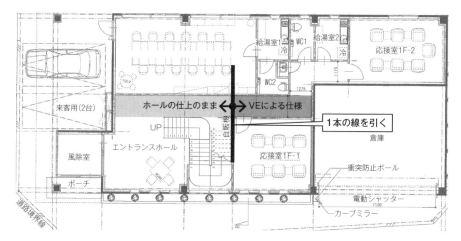

図1　一本の線を引いて VE

エントランスホール

廊下

図2　エントランスホール及び VE した廊下のイメージ

　下記のように仕様を変えています。

エントランス床	：大理石	⇒	廊下床	：既製品御影石
エントランス壁	：大理石	⇒	廊下壁	：モルタル＋EP塗
エントランス天井	：ボード面全面パテ処理の上多彩模様	⇒	廊下天井	：ボード面EP塗装

　そういう時には、部屋の区切りとして1本の線を引きます。線から左は仕様をそのままに、線から右は仕様を少し抑えたものを考える（コンセプトとあきらめ）ことで、VEを進めることができます（図1）。

　エントランスホールの仕上げ仕様は少し高価なものにし、ホールに続く廊下の境目に1本線を引いて、廊下の仕様は少し抑えた仕様のものにVEをします（図2）。

　同じ一つの部屋でも1本線を引いて、右側をリビングとしての仕様を設定し、左側をダイニングとしての仕様設定でVEを進めていきます。

④ 複雑な納まり、異種材を複数組み合わせた納まりから見直す

　複雑な納まりは多くの工種が絡み合うため施工量が多く、とかく高くつ

図3　トイレ及び洗面のイメージ
一般の事務室等に比べ仕上げの種類が非常に多いためコストがかかります。床がタイル貼り、配置によっては床・立上りの防水が必要、壁がタイル貼り等、天井がケイカル板等、汚垂石、トイレブース、ライニング壁、面台の天板石、洗面化粧台、手摺、鏡など多種の部材が一部屋に凝縮しています。

くものです。また、異種材料を多く組み合わせた納まりも、材料の多さに比例して施工量が多く、コストが高くつきます。

　VE を行う時には、まずそのような納まり（製品）をターゲットにあげ、単純な納まりに変えていきます。複雑な納まりは時間をも浪費してしまいます。竣工前の慌ただしい仕上げ工事の期間を食い潰していくので、コストと時間を睨みながらの作業となります。

　一つの部屋で複数の種類の仕上げ仕様がある場合も、1種類の仕上げに比べて手間がかかって高くなり、時間もかかります。

　トイレを例としてあげますと、トイレは多くの種類の仕上げ材料を使って仕上げる場合が多いので、時間がかかりコストの高いものになります（図3）。一般にトイレの部屋の面積あたりの単価は、事務室の約3倍ほどにもなるのです。

⑤ 一流メーカーでなくても、町工場でできないか

　人は得てして一流品を見につけたり、ブランドものを着込んだりしたくなるものですが、デザインがよく綺麗で、品質もいい憧れのブランド品は目を引きつけるものがあります。

　建築においても同様のことがありまして、一流メーカー品を使っている、今はやりの製品を使っているということが、大衆の目を引くことがあります。それらは確かに素晴らしいものですが、コストを考えると高くついているということになります。

　ある案件で「洗面器のカランは海外製の○○で便器も海外製の○○です」というのを売り物にしていたことがありましたが、竣工前の時期に便器が欠けて破損してしまい、慌てて追加注文しましたが「4ヶ月もかかる」ということで国産の製品を代用しました。

　取替えの製品が到着するまでの4ヶ月間、何事もなく代用できていることに気がつきました。使用上どこも変わらないし、性能的には国産のほう

が良さそうに思えた瞬間でした。

　一流メーカー品・ブランド品等の製品と一般品を比べて見ますと、使う人の使い勝手は変わらないため、「一流メーカー品・ブランド品等の製品を使っている」ということだけであれば、製作において「一流メーカーの工場でなくても、町工場でできないか」を念頭に検討していきますと、結構いい結果が期待できるものです。

⑥ 特殊な材料は一般的な材料に替える

　建築工事において使用する材料や部材は、工事中はもとより竣工引き渡し後においても破損の恐れがあり、取り替えを考慮に入れなくてはなりません。

　また竣工後に改修工事が発生することもありますし、長い年月が過ぎると経年劣化による取り替えも発生します。この時にすぐに手に入るものでなければ、取替えの対応ができないことになります。

　建具類や家具類や装飾物、特別な部位の製作金物は別として、一般的な部位の材料が特注品や特別の材料だとしたらどうでしょうか。

　たとえば床や壁のタイルを、必要な状況になってから発注して → 製作 → 搬入 → 貼付けとなると、工期が全く読めず経費ばかりかかってしまいます。

　特別な部位、特別なものは別として、一般的な材料は市販品（すぐ手に入る製品）を使うべきです。おそらく VE を探す時の候補にその「特別な材料」が上がってくると思われますが、工事施工時から対応しておくべき事柄です。

　これからの建物は、LCC（ライフサイクルコスト）も考えるべきだと思います。

⑦ 完成製品を使わずに部材を組み上げて造る

工事の終盤になってくると、設備機器や大型家具等が搬入されてきます。

荷揚げ用昇降機（本設昇降機の仮使用や仮設荷揚げ用リフト）を使っての荷揚げになりますが、昇降機の許容重量を超えるような重いものや、昇降機のカゴやリフトの荷台に収まらない容量的に大きな製品は、分解して荷揚げして所定の場所での組立→設置を行うことがあります。

これと同じようにコスト中心で考えていくと、コスト的に高い製品を使わずにそれぞれの機能を有する部材を組み合わせて一つの製品として組み上げる考え方もあります。

たとえば「洗面台付収納家具」などは、洗面台をポストフォームや御影石等で造り、洗面ボウルをセットし台の下に収納家具を取り付けたり、洗面台の上部に収納棚をセットすることで、完成品よりコストが抑えられることがあります。

現場での作業量を減らす動きとは逆行している感じがしますが、コスト中心で考えると「完成品ではなくても、部材を組み合わせて造る」ことも選択肢の一つかと思われます。

⑧ 施工の工種を減らすことで
　コストダウンできるものがある

建築工事に使われる製品のなかには、数種類の仕上げ仕様で成り立っているものがあります。

建築物そのものが、そのように多くの仕様・多くの業種の専門職により造り上げられる成果物なのです。

数種類の仕上げ仕様ということは、数種類の専門職が関わってできあがるということで、工程が多く、職人の数が多く必要になるということです。したがってコスト的にも割高ということになります。工数が増えれば増え

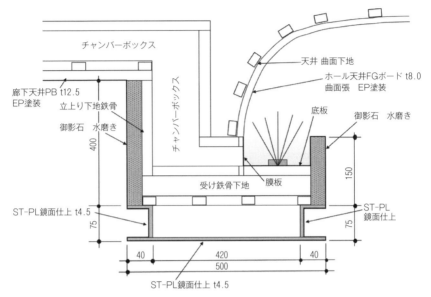

図4　数種類の仕上仕様の例（エントランスの間接照明）
部品が多い、つまり工種が多く複雑な納まりはコストが高くつきます。

るほど、コストが上がるということです（図4）。

　これは建物全体のことを指しているばかりでなく、建物を構成する部材
の一つ一つでこのような現象が発生している場合があり、見直しをするこ
とでコストダウンが図れることがあります。

⑨ 大判の材料は専門工事業者しか扱えないが、小サイズにすると専門職でなくてもできる

　「3月竣工は気をつけろ」は昔からよくいわれてきた言葉ですが、新年
度（4月）発注 → 3月竣工の案件が比較的多く、決まって秋から年明け
頃にかけて仕上げ工事のピークがやってきます。

　その時に困るのが、各工種の職人や材料が不足するということです。職
人だけではなく、製作工場等も各案件の製品の製作に追われて順番待ち状

態になります。製品はできたが取り付ける職人がいない。繰り返し立ちはだかる「壁」でした。

　そこで考えたのが、「誰にでも施工できるようにするにはどうしたらいいのだろう」ということでしたが、そのままの製品ではやはりその製品の専門職しか無理なわけで、それを打破するには製品を変えるしかないということです。

　たとえば、大判の石貼りは石工でしか貼れませんが、石のサイズを小さくするとタイル工でも貼れるということ。

　また、コンクリートブロックの材料は手に入るがコンクリートブロックの職人がいないときには少量であれば左官工でも積めるということ。

　建設産業従事者が激減している昨今、また昔のバブル期のような職人不足の状態が発生しないとも限りません。材料を変えてみる、職人を変えてみる、発想を変えてみると案外コストダウンになったり、作業がスムーズにいったり、うまくいく場合があります。

⑩ 新製品は価格が高止まりすることがある
──互換性のある従来の型材をスマートに使う

　建築工事はそのほとんどが1品生産であり、1棟1棟違いがあり個性があります。

　極端にいえば、案件ごとに施主が違い、設計者が違い、施工者が違います。したがって、その建物に使われている材料・製品も1棟ごとに違いがあります。

　施主の好みや設計者の考え方によって材料や製品の仕様が決まってきますが、そこで全く新しい材料や製品に出会うことがよくあります。

　今までのいろいろな不具合を検討・研究した結果の新製品なのでしょうが、少し割高になる場合があります。

　製品の型代や研究開発費が入ると言われますが、VEでは従来の材料や

製品を勧めています。

　在来の仕様でスマートに納めると、品質もコストもうまく納まると思います。

⑪ 競争原理の働くものは安い

　建築工事で使用する材料や機器類は、メーカーによりさまざまなものが製作され販売されていますが、同じようなものでも寸法が違っていたり性質・性能が違っていたり、色や形が違っていたりしますので、一つとして「同じもの」はないといえます。

　同種同類の製品はありますが、各社特徴を出して製作していますから、使い勝手は同じでも中身が違うということがよくあります。

　「A社製、○○、品番○○」と指定されてしまいますと、もうそれしかないわけですからA社と価格交渉するしかないわけで、「今回のコストは○○です」と言われてしまいますとそこで折衝が止まってしまいます。

　しかし、「○○同等品」となりますと、複数社の製品が当てはまりますから、複数の競合会社のなかで一番有利な会社・製品を決めればいいわけです。

　このように、指定メーカーや指定製品がある場合は価格交渉先が1社しかなくコストが高止まりする傾向にあり、「同等仕様」で競合メーカーや競合製品がある場合には、価格交渉先が複数社あるわけですから比較交渉ができるため、コスト的に有利な方向に働くと思います。

13章 設備工事

① 設備工事のコストに注目しよう

　建物の見積りは、大きく分類して建築工事と設備工事に分かれます。

　そして建築担当者と設備担当者がそれぞれの区分の積算・見積りを行い、建築担当者が全体のまとめを行っているのが通常です。

　しかし、設備工事の積算手法や見積り内容は、建築工事と大きく異なり、それが一因となって建築担当者の多くは設備工事の積算についてあまり理解できていないのが現状のようです。

　一方近年、建築コストに占める設備工事の割合は、かなり大きくなってきており、たとえば事務所ビル等においては工事費全体の30％を超えることが普通になってきていて、建物の種類によっては、その比率は半分か、それ以上のものも存在します。その比率はますます増加の傾向にあります。

　設備工事のコストに注目していく必要があります。

（1）設備工事見積りの構成と分類

　設備工事の見積りも建築工事と同様に、電気設備工事・給排水衛生設備工事・空調設備工事などの各設備別、同設備内においては工種別の積み上げにより構成されます。

　しかし、建築工事の見積りは材料費と工費（手間）を合わせた「複合単価」で計上するのに対し、設備工事の見積りは通常材料費と工費を別に計上する「材工分離明細」によって構成されます。

　そして、設備工事の見積り独特の分類で、「A材」「B材」と呼ばれる2種類の材料費と、工費（電工費・配管工費など）、断熱費など一式物と呼ばれる費用の3種類に分類して計上されます。

（2）設備図面の特徴

　設備図面も建築図と同様に、複数の設備が同一図面内に表現されています。

　たとえば、電気設備の図面において照明設備、コンセント設備など、明細作成上別項目にするべき内容が同一図面内に表現されます。積算時には各図面のなかから該当する要素をそれぞれ区別して読み取る必要があります。

　また、専門工事業者による施工となる設備は、メーカー作成図となっているケースが多く、法的に施工者が限定されているものや、一般の職人では施工が困難なもの、責任施工で一式発注となるものがあります。

　以下に「専門工事業者による施工」となる設備工事を列記しています。

① 電気設備工事

　放送設備・監視カメラ設備・ナースコール設備等の弱電設備、自動火災報知設備・防排煙制御設備等の防災設備、雷保護設備、駐車管制設備、電気時計設備、中央監視設備等

② 給排水衛生設備工事

　スプリンクラー設備・泡消火設備・不活性ガス消火設備等の消火設備、ガス設備、給湯暖房（床暖房）設備、医療ガス設備、浄化槽設備、ろ過設備、自動散水設備、自動制御設備、厨房設備等

③ 空調設備設備

　自動制御設備等

　工事図面の特徴として、「系統図」「機器リスト」「器具姿図」等があげられます。

　　系統図　　：各設備のつながりを立体的に記載してあり、階高等の情報もこの図から読み取ります。

　　機器リスト　：各機器・器具類の仕様・数量が記載してあり、建築図でいうところの「建具リスト」のようなものです。

　　器具姿図　：各器具（主に照明器具や各種弱電設備機器）の仕様を姿図によって視覚的に表現しています。

　平面的な情報は配置図や平面図から読み取れますが、高さ方向の情報は基本的に記載されていないので、系統図や建築図から読み取ることになります。

　一般的にケーブル・配管は天井裏やピット部分に敷設しますが、部屋内に設置する器具に接続するには、平面図では読み取れない縦方向の材料が必要になります。

　さらに、設備図面の平面図は「シンボル化」されているため、それらが何を意味するのか凡例等を参照し、判読し、立体的にどのようになっているかも読み取る必要があります。

　設計者として常に、「この表現で伝わるのだろうか」「この図面の内容で積算が可能だろうか」を、意識することが大切です。

（3）金額の算出

　　Ａ材　：Ａ材と呼ばれる機器・器具類は、物件ごとで必要となる容量や仕様が異なります。このため、メーカーや代理店に対して図面を掲示し、図面に記載されている仕様に合った見積りを徴収しますが、その金額に対し実勢価格を考慮した率を掛けて算出します。

　　Ｂ材　：Ａ材が物件ごとに見積りを徴取して値入れするのに対して、規格化されているＢ材はあらかじめ単位数量当たりの単価を

設定しておきます。ただし、その単価も実勢価格を考慮し、その都度更新を行います（刊行物を参考に単価を決めて値入れを行います）。

専門工事業者施工となる設備：専門業者による施工となる設備については、当該業者に対し図面を掲示して、材工一式で見積り徴取を行います。その金額に対し実勢価格を考慮したうえで算出します。

　衛生設備工事や空調設備工事における専門工事業者施工の場合は、配管・バルブ等の通常B材とされているものも含めて、一式で見積り徴取となります。

（4）見積り時のトラブル事例※

① 雨水排水

　現象：雨水排水の見積り落ち、もしくは重複

　原因：建築図・設備図ともに記載がない

　　　　建築図・設備図双方に記載がある

② 衛生器具

　現象：衛生器具の見積り落ち、もしくは重複

　原因：①と同様。もしくは建築・設備双方に「工事範囲外」であるかのような記載がある

　　　　建築図で「システムトイレ」、設備図では衛生器具の記載がある

③ 天井関連

　現象：システム天井の設備プレート見積り落ち、もしくは重複

　原因：①と同様。建築図には記載がなく、設備図には「建築工事」との記載がある

　現象：照明器具吊り材の見積り落ち

※　出典：（一社）日本建設業連合会関西委員会『建築屋さんのための設備積算入門』より

原因：建築図には記載がなく、設備図には「建築工事」との記載がある

現象：天井点検口数量の不足

原因：設備工事としての必要数量が建築図に反映されていない場合が
ある

天井伏図が存在しない場合がある

④ **電気錠**

現象：制御盤の見積り落ち

原因：建築図には「制御盤は電気工事」と記載があるが、設備図には
制御盤の記載がない

設備図には「建築工事」となっており、建築工事には記載がない

建築図には「盤関係は設備工事」と記載され、設備図には「鍵
関係は建築工事」と記載され、解釈に食い違いが出ている

現象：非接触キーの見積り落ち

原因：設備図では「建築工事」と記載されているが、建築図には一般
の錠の記載しかない

⑤ **シャッター**

現象：電動シャッターの電源見積り落ち

原因：設備図に記載がない

⑥ **消火器**

現象：消火器本体の重複、BOX の見積り落ち

原因：①、②と同様

② 建築工事で施工したほうが
　　コストダウンできる場合がある

　設備工事の見積りは、おおむね設備サブコンに一式依頼するものが多く、
その中身をよく見ていくと建築工事同様、仮設足場や仮設事務所・職人詰
所、揚重用クレーン、高所作業車などが入っていることがあり、時にはガ

ードマンなどが入っていることがあります。

　また、浄化槽や消火水槽、受水槽、空調機やポンプの基礎などが入っています。

　仮設足場や揚重用クレーン、高所作業車などは建築工事で手配施工した方がコストダウンできると思われますし、仮設事務所・職人詰所などは建築工事と併せて建設した方がコストダウンできます。

　また、ガードマンも工事全体で考えた方がロスも少なく、コストダウンが可能です。

　浄化槽や消火水槽、受水槽を外部に設置の時、槽の本体は最近では既製品が多く、鉄筋コンクリートの躯体で支える仕様になっていて、上部に保護用土間コンクリートとなっていることが多く、地中埋設のため山留工事や土工事（掘削、残土処分、砕石敷き、埋め戻し）が必要になります（図1）。

　山留工事、土工事、砕石後の底盤コンクリート工事、支持躯体コンクリ

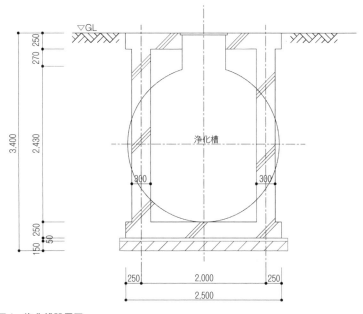

図1　浄化槽設置図
最近では、既製品の浄化槽を鉄筋コンクリート造の躯体で支える、地中埋設の構造が多いです。

ート工事、本体設置後の埋め戻し工事、上部保護用土間コンクリート工事
等は建築工事で施工した方がコストダウンできますし、日程的にも早く施
工できて有利といえます。

　空調機の室外機基礎やポンプの基礎は、室内や屋上や外部に設置します
が、いずれも建築工事で施工した方がコストダウンできるし、早く施工が
できます。

③ 器材が建築工事と重複するものがないか

　建築工事と設備工事の積算範囲が明確でないと、重複して積算したり、
また双方とも積算落ちをしたりする可能性があるため、設計図書において
は「工事区分表」で積算範囲を明確にしたいものです。

　主なものを上げるだけでも非常に多くのものが重複する可能性がありま
す※。

　設計者（監理者）として、見積り内容の重複（逆に双方落ち）のチェッ
クが大切です。

　　　①躯体工事の各種開口補強
　　　②仕上げ工事の各種開口及び開口補強
　　　③電気錠・制御盤
　　　④屋外ガラリとチャンバー
　　　⑤厨房機器
　　　⑥機械浴槽、介護用機器
　　　⑦ユニットバスと換気扇
　　　⑧キッチンユニットと水栓

※　出典：（一社）日本建設業連合会関西委員会『H24 建築屋さんのための積算チェックの着眼点』
　　p.22 より

⑨キッチンユニットと IH クッキングヒーター

⑩キッチンユニットと電気温水器

⑪洗面カウンターとボウル

⑫洗濯防水パン

⑬便所補助手摺

⑭タオル掛け

⑮ペーパーホルダー

⑯ベビーシート

⑰消火器と消火器ボックス

⑱太陽光発電設備と取付架台

⑲駐車場管制設備

⑳設備基礎及び設備架台

㉑設備関連工事の既存建物解体撤去

㉒設備関連工事の舗装撤去・復旧

㉓雨水排水工事

㉔浄化槽・オイルタンク等の掘削・埋戻し・躯体工事

㉕エレベーターの頂部フック・中間ビーム

㉖エレベーター架台用鉄骨

㉗エレベーター機械室の床開口及び穴埋め

㉘中央監視盤

㉙集合住宅の給排気口・クーラースリーブ

㉚グリストラップ・ガソリントラップ

㉛マンホール

㉜床点検口、天井点検口

㉝ドレン配管

㉞鏡

㉟その他

14^章 外構工事

① 現地の状況により
設計図書通り施工できずコスト増も

外構工事は、直接道路と接続する部分があり、その接続部分の工事については道路管理者や各自治体の定めにより管理されているため、確認が必要です※。

（1）歩道乗り入れ

道路管理者や各自治体により、歩道乗入れが1敷地に1ヶ所に限定されている場合もあります。

また、交差点の信号機の付近や横断歩道の付近も、設置が制限されるので、事前の打ち合わせ・確認が必要です。歩道乗り入れ部の仕様も、道路管理者や各自治体で決められているので（○○市仕様）、設計図の仕様と照らし合わせて、確認が必要です。

設計図と道路管理者や各自治体等で決められた仕様とで差異がある場合には、コスト面での影響があります。

※　出典：（一社）日本建設業連合会関西委員会『H24 建築屋さんのための積算チェックの着眼点』
　　p.5 より

(2) 沿道掘削

道路に沿って行う、建築工事に伴う掘削工事を「沿道掘削」と言い、その掘削が道路の構造や交通に損害を与える恐れがあると判断された場合、届けが必要になります。

おおむね、前面道路幅員が6m未満の場合はその幅員の1/2、6m以上～20m未満の場合は3mが該当し、また掘削が深い場合は、官民境界線から45°の斜線以内を「沿道区域」といいます。

条件を満たしていない場合には諸官庁からの指導が入り、設計変更の可能性があります。

指導が入ってからの設計変更は、追加工事の対象となり、コストの変動が発生します。

(3) 公共工作物の移設

道路にはさまざまな公共工作物が設置されていますが、建物の計画に支障がある場合には移設の手続きを行い移設を行います。

街路樹、電柱、交通標識、歩道安全柵、バス停など多様なものがありますが、なかには移設が不可能なものもあります。

信号機、電気・電話等の地下埋設ステーション、地下鉄の入り口等は動かせない工作物となりますので、建物側での変更対応が求められます。

公共工作物の移動の可否についてよく確認していないと、建物側で変更した場合追加工事の対象となり、コストの変動が発生します。

(4) 官－民境界及び民－民境界近接の塀や工作物

道路境界や隣家の境界に近接して設置予定の工作物は、その規模が大きい（掘削が深い）場合は、道路や隣家の敷地に影響を及ぼす可能性が大きいため、場合によっては設計変更をしなければならないことがあります。

道路境界や隣家近接の工作物については、よく検討していないと変更を余儀なくされて、コストの変動が発生します。

② 外構路盤の強度によっては 地盤改良コストも見込む

　建物の基礎下部は、ボーリング調査に基づいて杭の打設や地盤改良等が実施されますが、外構工事についてはあまり考慮されない場合が多く、舗装路盤や工作物に影響が出る可能性があります。

　もともと敷地の表層は埋め立てて整正されていることが多く、最上部の表土は強度があっても、その直下の強度が脆弱なことが多く見受けられます。

　海岸沿いの埋立地で、かつて一時期問題になったのは、玄関や通用口部分の外部のアプローチで沈下が発生し、年々段差が広がってその都度階段の段数を増やしていかなければならなかったことです。建物は支持杭のおかげで沈下しないのですが、外構路盤が下がっていくのです。

　アスファルト舗装面に大きな水たまりが発生したり、擁壁が傾いてきたり、機械基礎が傾いてきたりといった不具合が起きないよう、重要な擁壁の下部や機械基礎の下部には地盤改良等の考慮が必要になります（図1）。

　したがって、海岸沿いの埋立地における外構工事は、一般内陸部の外構工事に比べてコストが割高になる場合があります。

図1　路盤の地盤改良
屋外の舗装や工作物においても、地盤が緩い場合には地盤改良の必要があります。

③ 規模の大きな工作物は、本体建築工事の 専門工事業者での施工を検討する

外構工事で扱う工作物は、一般的に本体工事が終わって外部足場の解体後に着工となります。

建物に近接しない工作物でも、外部周りの資材が片付いてから始めようとすると、やはり外部足場がなくなってからということになるのでしょうか。

規模の大きな工作物とはいっても、本体工事に比べれば非常に少ない工事量になり、どうしても外構工事の専門工事業者に依頼することになります。しかし、工事量が少ないためにどんなに工夫しても割高になってしまい、本体工事の単価の比ではありません。

ここで、本体工事の専門工事業者で施工するように考えてみたらどうなるでしょうか。

舗装工事やコンクリート二次製品を使った工事、植栽工事といった工事は外構専門工事業者でしかできませんが、工作物工事は本体工事の専門工事業者でできるのです。

問題は施工時期ですが、本体工事の躯体工事と同時期に施工できれば、本体工事の単価並にできるわけですから、外部足場がある内は施工できないという観念は捨てて、建物の外部足場をまだ組んでいない時期にやってしまいましょう。

浄化槽やオイルタンク等の地中埋設の躯体の施工時期は、建物本体の基礎工事と同時期に施工できないか、検討してみるのもいいかも知れません。

④ 外構工事で使用する資材は 本体建築工事からの支給で検討する

建築工事の見積書は、材工（材料費＋施工手間）の単価で表現する単価

がほとんどです。まれに生コンクリート材料や鉄筋材料、鉄骨材料などは材料と施工手間が別々の明細となっています。これは外構工事も同じで、本体工事の明細同様材工の単価が主で、コンクリート材や鉄筋材等は、材工分離の単価になっています。

　しかし、その調達形態はかなり違っていて、本体建築工事においては生コンクリート材料や鉄筋材料は元請ゼネコンが調達するのに対し、外構工事は外構専門工事業者の一式調達となることが多くなっています。

　本体工事の材料は数量が多いうえに、元請ゼネコンの他の案件の全数量を含めた全体調達をする場合が多いので、扱う数量が非常に多くメリットがあります。

　これに対して外構工事数量は、数量が少ないうえに、その該当案件の数量のみの場合があり、なかなかメリットが見いだせず、高い買い物となることがあります。

　外構工事の使用材料は、本体工事と併せて調達し、外構工事業者に「支給」することで、コストメリットを生かした管理が実現できます。

附録　BIM を使った積算

① BIM とは

　BIM（Building Information Modeling）（BIM モデル）は建物そのもの
をコンピューター上にバーチャルに表現したものです。

　図面を構成するのは CAD とは違い、単なる線（Line）ではなく、壁
（Wall）やドア（Door）、部屋（Space）といった実在する建物の構成要素
と同等の特性を、コンピューター上で三次元的に再現するために作られた
オブジェクトであり、それぞれのオブジェクトが部材の性能や仕様、価格
といった属性情報を持っています。

　BIM は設計段階でコンピューター上に仮想の建物を建てるという概念
であり、これは従来型の図面作成行為を根本的に変えるものです。

　発注者・設計者・施工者など建築プロジェクトの多くの関係者が、コン
ピューター上に作成した建物モデルを利用して、さまざまな情報を共有す
るためのコミュニケーションツールとしても機能します。

　設計者が頭のなかに思い描いた三次元の建物をそのままコンピューター
上に表現することができるため、設計者の意図を伝達しやすく、設計者以
外の関係者は、多くの二次元図面を見ながら竣工した後の建物を想像する
という煩雑な作業から解放されることになります。

　建物の三次元モデルのなかに、さまざまな設計情報や価格などの属性情報を追加した建物の統合データベースとしても機能するため、設計・施工から維持管理まで、建物のライフサイクルのあらゆる工程で建物情報を共有し、活用できる新しいワークフローも構築することができます。

　BIM の活用により、発注者・設計者・施工者などの関係者間で円滑なコミュニケーションを図ることが可能になります。

② BIM の機能

　BIM は、設計時には部材の属性情報を利用し、面積表や建具リストを自動作成したり、積算ソフトウエアとの連携も可能です。

　数量集計に関する設計図書も、自動的に造ることができるため、手拾いによるミスもなくなります。

　意匠設計者が作成した BIM モデルを建築コスト担当者が開き、ツール上に表示される定型の概算フォーマット内の項目をクリックすると、どこからその数量が拾われているのか三次元上のモデルがハイライトすることで確認ができるようになります（図1）。

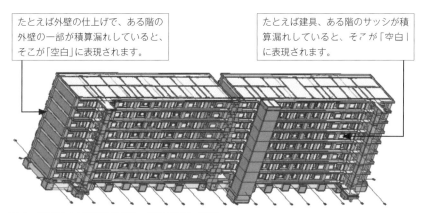

たとえば外壁の仕上げで、ある階の外壁の一部が積算漏れしていると、そこが「空白」に表現されます。

たとえば建具、ある階のサッシが積算漏れしていると、そこが「空白」に表現されます。

図1　外部仕上げ BIM モデル（3D 画像）の例
どのように数量が拾われているのか、拾い落ちている部分はないか等、三次元モデルがハイライトすることで確認できるようになります。

そこで拾い漏れがあれば、コスト担当者が判断して設定を付け加えて拾えるように修正することができるのです。

③ BIM の問題点

BIM モデルにはデータそのものにも問題が存在します。

① その一つが、データの真正性問題です。

BIM モデルは CAD で作成した形状データとは比較にならないほど多くの情報が付加されているため、ちょっとしたデータのエラーがその後の工程で多くのリスクとなって出現する危険が潜んでいます。

その責任は誰が負うのか？ 承認と責任の所在が不明確なままでは、多くの設計者が BIM の活用に二の足を踏まざるを得ません。

CAD で描いた形状データとは違い、多くの付加情報を含む BIM モデルは、その責任も格段に大きくなるのです。

データの著作権問題も含め、その責任が誰にあるのか、今後のガイドラインや基規準類の整備が求められます。

② 現在のところ BIM ソフトウエアですべての図面を自動で作成することは難しく、特に矩計図や詳細図などは BIM データから 2 次元にデータ変換して 2D-CAD で加筆することが多いため、同 BIM ガイドラインには「変換」の後に、さらに「編集」という言葉が使われています。使い手の編集が必要ということです。

④ BIM による積算

リアルタイムの積算でコストの透明化を図り、コストへの影響が大きい設計の前半に作業を集中させることで、作業の手戻りを減らしてコストを適正にコントロールすることが可能になります。

BIM ソフトウエアは「属性情報の付加」と「数量自動算出」の機能が

あることで、BIM モデルに付加されている属性値をリアルタイムに集計することができます。

　建築要素の種類ごとにオブジェクトに属性を入力できるフィールドが複数用意されており、かつユーザーがある程度自由にフィールドを定義し追加することができるようになっています。

　オブジェクトの形状からその長さや幅などの寸法値や、面積、体積といった数値が自動的に入る性質のものもあります。

　したがって、フィールドに適切に情報が入力されていれば、同じ種類の建築要素について、個々のオブジェクトのフィールドに入力されている情報が、かき集められ一覧表として表示されます。

　積算上の BIM 機能の問題点として次の事項があります。

① BIM の「数量自動算出」機能は、面積・体積等をそのまま抽出するため、積算基準に合致しない部分があり数量差が発生します。（例：積算基準では 0.5 m² 以下の面積は控除しないことになっていますが、BIM ではすべてが控除されてしまう etc.）

②仮設、土工、地業等の数量は、積算担当者それぞれが、仮設計画や掘削計画を行い積算するため、BIM モデルではデータ化できないため、拾えません。

③「数量自動算出」機能から集計される項目は、BIM オブジェクトの種類ごとになっており、数量内訳書の部位や科目とは一致していないことが多くなっています。

　そのため、概算・積算で必要なすべての数量を拾うのではなく、躯体、屋根、外装など部分的に BIM モデルから確実に拾えるものだけを最大限に抽出して、概算・積算の効率化につなげることになります。

⑤ BIM の今後

入札時において、プロポーザル方式や総合評価方式が実施され、複数の設計事務所が BIM を全面に出した技術提案を行い、それぞれ受注に結びつけた事例が出始めています。

BIM による技術提案を前提とした入札方式が増え始め、受注側である設計事務所やゼネコンを中心に BIM の普及が加速することになると思われます。

今後、発注者側からの BIM 納品の要求が必須となっていくことは確実であろうと思われます。

逆に、発注者側から BIM 納品の要求がなくても、受注者側の設計事務所やゼネコンで他社との差別化を狙う目的で BIM を活かした技術提案を行うことが予想され、BIM を使った提案のできない旧態依然とした受注者は淘汰されていくことになりかねません。

➤ BIM による確認申請への動き

2014 年 5 月に国交省が、「建築確認手続き等における電子申請の取り扱いについて」を公表し、電子申請について具体的な運用方法を提示しました。

BIM を使って審査を行うという動きが日本でも出てきました。

CAD が発明されて（1963 年）から半世紀以上が経過し、BIM が開発されて（1990 年）から約 30 年あまり経過し、日本は CAD で北欧、西欧、北米に遅れをとること 16 年、BIM で 10 年、さらに国内においても、建築物の多くは一品生産であり工場生産品のような大量生産品ではないため、CAD の導入が遅れ製造業に大きく遅れをとった経緯があります※。

※ 参考資料：BIM 教育研究会編著『建築・BIM の教科書』（日本建設通信新聞社）

　しかし、建設業界にとってBIMという概念が登場し、これまでの遅れを一気に取り戻すべく、さまざまな取り組みが始まりました。

今後に期待！です。

おわりに──これからの建築コスト

「建物は生き物だ」と言われることがありますが、計画 → 設計 → 施工 → 竣工と進んでいく過程で、竣工の間際まで仕様が変動することがあり、竣工してそれがようやく落ち着くことになります。

　つまり、竣工する時まで仕様とコストが付きまとうことになり、揺れ動き、「生き物のようだ」と表現する人がいるのです。

　常に変動する仕様、揺れ動くコスト、その都度把握できれば正しい判断ができるはずです。

　今までいろいろ述べてきましたが、これからの建築には、じっくり時間をかけてコストを算出する間もなく、企画・計画に、また施工中の変更時に、素早いコストの算出と最適な仕様を決めるための判断材料の提供が必要で、それがますます重要になってくると思われます。

　ぜひとも、「コストプランニング術」を駆使し、対応に当たってもらえればと思います。

　そして、我々がこのたび経験した感染症（新型コロナウイルス）により、世界経済までもが揺れ動く事態が発生し、激しい物価高に見舞われました。

　また、世界の一部の地域の紛争が、世界経済に混乱を招くようになるなど、「世界が近くなってきた」感があります。

　これからは、常に世界に目を向け、世界の動向を見守って行く必要があると思います。

2023 年 6 月　北野正美

◆著者略歴

北野正美（きたの・まさみ）

花谷建設（株）見積部マネージャー。
清水建設（株）関西支店見積部長を退職後、現職と
して設計者や見積担当職員の指導に当たる。
（公社）日本建築積算協会関西支部副支部長を経て、
現在は関西支部監事。また、元（一社）日本建設業
連合会関西支部建築委員会建築積算部会委員として、
多くのテキスト執筆及び講師の経験をもつ。

設計者のための建築コストプランニング術

2023年7月20日　　第1版第1刷発行

著　　者　北野正美
企　　画　日本建築協会

発 行 者　井口夏実
発 行 所　株式会社 学芸出版社
　　　　　〒600-8216　京都市下京区木津屋橋通西洞院東入
　　　　　電話 075-343-0811
　　　　　http://www.gakugei-pub.jp/
　　　　　E-mail info@gakugei-pub.jp

編集担当　岩崎健一郎・越智和子

装　　丁　テンテツキ　金子英夫
Ｄ Ｔ Ｐ　KOTO DESIGN Inc.　山本剛史・萩野克美
印　　刷　イチダ写真製版
製　　本　山崎紙工

©北野正美　2023　　　　　　　　　　　　　　Printed in Japan
ISBN978-4-7615-2862-1

好評既刊

図解　住まいの寸法　暮らしから考える設計のポイント

堀野和人・黒田吏香 著／日本建築協会 企画

A5判・200頁・本体2600円＋税

住宅の設計には、そこに住む人の暮らしをふまえた寸法への理解が欠かせない。本書では、玄関、階段、トイレ、洗面室など、住まいの13の空間の持つ機能と要素を整理し、そこで行われる生活行為に支障のない、理に適った寸法をわかりやすい2色刷イラストで紹介。寸法という数字の持つ意味を知ることで設計実務に活かせる一冊。

図解　間取りの処方箋　暮らしから考える住宅設計・改修のポイント

堀野和人・小山幸子 著／日本建築協会 企画

A5判・184頁・本体2600円＋税

玄関・トイレ・LDK・寝室・納戸など、住まいの8つの空間について、実際に人が暮らしていく上で不都合が生じる「お困り間取り」とその改善ポイントを、ユーザーの会話＋「設計課長の診察室」という構成で、2色刷イラストを用いて丁寧に解説。各章末には巷に溢れる「チラシの間取り10ポイントチェック」も掲載。

直感で理解する！　建築デザイナーのための 構造技術の基本

山浦晋弘 著／日本建築協会 企画

A5判・216頁・本体2500円＋税

難しい数式は必要最小限！「いい建築デザイン」はどんな構造技術に支えられているのかを文章と手描きイラストで解説する「直感」シリーズ第三弾。建築デザインの選択肢を増やし、幅を広げるための考え方や、細部にこだわる時の注意点など、建築デザイナーとの打合せの際に構造設計者が考えていることをわかりやすく紹介。

直感で理解する！　構造力学の基本

山浦晋弘 著／日本建築協会 企画

A5判・216頁・本体2400円＋税

楽しい手描きイラストとわかりやすい文章が好評の「直感」シリーズ第2弾。著者の建築実務家・教員としての豊富な経験をもとに、建築を学び実務に当たる上で知っておくべき構造力学の基本をやさしく解説。「構造力学」の先にある「構造設計」の魅力が見えてくる一冊。一級建築士試験にも役立つ「力学問題アラカルト」付き。

イラストでわかる　建築現場のチェックポイント

柿﨑正義・玉水新吾 著／日本建築協会 企画

A5判・236頁・本体2800円＋税

建物の欠陥責任について民法上の「不法行為責任」（除斥期間20年）が問われる時代に入り、設計者・施工者にとって、施主とのトラブルによる経営上のリスクが高まっている。本書は、地盤構造・構造躯体・外装仕上げ・雨漏りについて、現場での工程内検査及びメンテナンス時に瑕疵の芽を完全に摘むためにチェックすべきポイントを具体的に解説する。

図解　住まいの設備設計　暮らしやすさから考える家づくりのポイント

堀野和人・加藤圭介 著／日本建築協会 企画

A5判・172頁・本体2600円＋税

安全で快適な住宅をつくるには、暮らしやすさをふまえた設備計画が欠かせない。住宅を設計する上で知っておきたい住宅設備の基本知識とともに、玄関・洗面室・寝室など、住まいの10の空間別に、生活行為に適した設備設計の考え方をわかりやすい2色刷イラストで紹介。『図解住まいの寸法』著者による、設計実務に役立つ一冊。